U0929413

浙江工业大学
智库集成

2012—2014

浙江工业大学全球智库研究中心◎编

中国社会科学出版社

图书在版编目(CIP)数据

浙江工业大学智库集成：2012～2014/浙江工业大学全球智库研究中心编．—北京：中国社会科学出版社，2015.11

ISBN 978－7－5161－7242－1

Ⅰ．①浙…　Ⅱ．①浙…　Ⅲ．①社会科学—文集
Ⅳ．①C53

中国版本图书馆 CIP 数据核字(2015)第 291047 号

出 版 人　赵剑英
责任编辑　刘志兵
责任校对　张翠萍
责任印制　李寡寡

出　　版　中国社会科学出版社
社　　址　北京鼓楼西大街甲 158 号
邮　　编　100720
网　　址　http://www.csspw.cn
发 行 部　010－84083685
门 市 部　010－84029450
经　　销　新华书店及其他书店

印刷装订　北京金瀑印刷有限责任公司
版　　次　2015 年 11 月第 1 版
印　　次　2015 年 11 月第 1 次印刷

开　　本　710×1000　1/16
印　　张　13.5
插　　页　2
字　　数　230 千字
定　　价　45.00 元

目　　录

社会建设篇

文化与教育篇

政治与法治篇

国际区域经济合作篇

前　言

眼下，全国上下正在掀起一股智库建设的热潮。加强中国特色新型智库建设，建立健全决策咨询制度，已经成为大势所趋。而高校因其学科门类齐全、人才资源充足、基础研究力量雄厚、对外学术交流广泛，理应成为中国特色新型智库的重要组成部分。2014 年 2 月，教育部出台了《中国特色新型高校智库建设推进计划》，迈开了推进高校哲学社会科学领域综合改革、建设中国特色新型高校智库的新步伐。2015 年 1 月，中办、国办出台了《关于加强中国特色新型智库建设的意见》，明确提出深入实施中国特色新型高校智库建设推进计划，推动高校智力服务能力整体提升；深化高校智库管理体制改革，着力打造一批党和政府信得过、用得上的新型智库。这成了高校智库建设的目标与发展方向，为高校智库建设提供了新指引、提出了新要求。

近年来，浙江工业大学坚持“以浙江精神办学、与浙江发展互动”的办学理念，牢牢抓住浙江高等教育大发展的历史机遇，学校的各项事业齐头并进、协同发展。目前，学校以提升解决经济社会发展重大问题的能力为主线，努力实现建设区域特色鲜明的综合性研究型大学。为贯彻落实国家、教育部关于新型智库建设的精神，学校不断优化机制体制、布局科研机构、充实研究队伍，着力加强高校智库建设工作，积极为区域经济建设、社会管理、教育发展、法治建设和国际关系等建言献策，有效地发挥了高校智库的参谋助手作用，为区域经济社会的改革发展提供了强有力的智力支持。

2012 年以来，学校的各类应约稿件及所获批示共计 50 余项（其中国家级批示 3 件）。比如，程惠芳作为省经济建设咨询委员，应邀在《浙江日报》上发表文章《从“百强”看浙江经济新实力》；徐维祥应邀在

《浙江日报》上发表文章《特色经济孕育浙江新活力》。中国中小企业研究院林汉川和陈衍泰撰写的《关于我国小微企业解困的政策建议》刊发在全国哲学社会科学规划办编发的《成果要报》（2012 年 9 月）上，报送中央政治局委员和中央书记处书记参阅；政管学院吴伟强提交杭州市交通问题的对策和建议，多次受到省部级领导批示，社会影响不断扩大，特别是杭州“7·5”公交车事件之后，吴伟强撰写的相关报告受到了国务院委员王勇的批示，等等。

为此，我们收录了近年来广大教师在智库工作中的代表性成果。这些成果获得了浙江省委、省政府等副省级以上领导的批示，展示了学校在咨政建言、理论创新、舆论引导、社会服务、公共外交、人才培养等方面的智库作用，也是“智者健行”的扎实步伐。根据成果内容，分为经济建设篇、社会建设篇、文化与教育篇、政治与法治篇、国际关系篇五个部分，编辑成《浙江工业大学智库集成（2012—2014）》。由于时间和水平的原因，疏漏在所难免，敬请批评指正。

最后，谨向长期以来关心和支持浙江工业大学智库工作的各级领导、全校师生表示衷心的感谢！

梅新林

2015 年 7 月

经济建设篇

关于我国小微企业解困的政策建议

中小企业研究院　　林汉川　陈衍泰

【提要】近期我国小微企业生产经营出现用工贵、用料贵、融资贵、间接费用贵与订单难、转型难、生存难的“四贵三难”现象。为推动我国小微企业解困，应以减免税费为重点加大优惠政策的实施力度，在国家层面实现由“抓大放小”向“抓大扶小”的思路转变，成立国家中小企业管理机构，完善地方政府绩效考核指标，多措并举、综合治理，促进我国小微企业持续健康发展。

此报告为对外经济贸易大学林汉川教授和浙江工业大学陈衍泰教授共同完成的国家社科基金项目阶段性研究成果，分析了我国小微企业生产经营面临的“四贵三难”困境，并提出相关对策建议。

一　我国小微企业生产经营出现“四贵三难”现象

2011年以来，在复杂的国际国内经济形势下，我国大量小微企业的生产经营面临严峻形势。根据对6省16市10多个行业113家小微企业的调查，2012年1—5月，销售收入持平的占32.7%，减少10%—30%的占26.7%，减少30%以上的占40.6%；微利、保本经营甚至亏损的超过30%；超过六成的小微企业对经营前景持悲观态度；部分企业出现“订单荒”，广东、浙江、重庆等地的制造业出口企业订单普遍减少20%—30%。根据国家统计局对全国3.9万户规模以下工业企业的抽样调查，2012年一季度小微企业经营状况好或很好的只占21.1%，其中微型企业仅占18.3%。

当前我国小微企业面临的困境主要表现为"四贵三难"。"四贵"是指用工贵、用料贵、融资贵和间接费用贵，"三难"则是指订单难、转型难和生存难。究其原因，一是劳动力成本持续推高，土地、厂房、原材料、能源、物流等成本也不断上涨；二是小微企业一般很难从银行获得贷款，而来自各种金融机构和私人贷款的利率高达15%—30%，这造成"别说不好贷，就是好贷也不敢贷"的局面；三是小微企业还需缴纳名目繁多的费用，如第三方专业机构前置评估、认证、咨询费用与各种间接用地、用电费用等。

二　综合减税是小微企业解困与发展的最佳政策选择

1. 加大税收优惠是小微企业解困的"牛鼻子"。根据世界银行统计，国际上小微企业税负平均为20%，而我国小微企业综合税负高达40%—50%，其中包括所得税、增值税、营业税、城市建设税、国家教育费附加、地方教育费附加等，税负水平在全球排名第97位，远远高于美国、日本、新加坡等发达国家，这使得小微企业难以保持发展的张力，更难以抵御全球经济衰退带来的冲击。破解我国小微企业面临困境的首要选择是"先保生存，再促发展"，防止因多种因素叠加致使其大量"死亡"。只有以减免税费为重点，加大优惠政策的实施力度，才能缓解小微企业当前的生存危机，进而调动社会与民间资本创办和投资小微企业的积极性，并促进其转型升级。

2. 对小微企业实施综合减税的优惠政策。2011年以来我国实施的"营改增"结构性减税，确实使小微企业收益增加。但是由于减税力度不够大，还不能完全使小微企业因此解困。应对全国小微企业实施综合性减税：一是所得税降到10%以下；二是其他所有税负相加的综合税率不宜高于5%；三是借鉴农业免税费的经验，逐步免除小微企业的一切费用，切实减轻小微企业税费负担，全面实施"放水救鱼"与"放水养鱼"的综合减税政策。

3. 对创新、创业、劳动密集型与所有微利型小微企业实施"免三减二"的税收优惠政策。可借鉴我国20世纪80年代发展个体经济与乡镇企业、90年代发展中外合资企业与外商独资企业，21世纪初期引入跨国公司的相关税收优惠，以及近期对农业实施的税收优惠政策经验，对创新、创业、劳动密集型与微利型小微企业在5年内实施"免三减二"的税收优惠政策，即第1—3年免去一切税负，第4—5年实施税负减半的优惠政策。

4. 构建适应我国小微企业特点的税收制度。一是研究针对小微企业实际特点的税收体系，构建税基统一、税种少（简单税）、税率低的税收制度；二是对小微企业只设所得税与综合税两项税种，并实施两税种税率之和不超过15%的限额；三是税务部门对小微企业尽量实施低税率的“包税制”，不搞弹性大、易于高收税的“核税制”；四是避免企业所得税与个人所得税重复征收。

三　实现国家“抓大放小”向“抓大扶小”战略思路转型与体制机制创新

1. 在国家战略层面上实现由“抓大放小”向“抓大扶小”的转变。长期以来，我国发展企业的主要思路是“抓大放小”，这导致了对大型国有企业给予较多政策支持，而对中小企业重视不够。实际上主要发达国家对中小企业均实施“扶小”战略。没有中小企业的复苏、稳定与创新，不可能实现经济社会的稳定与持续发展。因此，应在战略层面上实现由“抓大放小”向“抓大扶小”的根本性转变，把发展小微企业纳入国家和地方总体战略，制订科学规划，避免陷入不出问题则放任自流、出现问题后各项政策应急化与碎片化处理的窠臼。

2. 成立国家中小企业管理机构，以体制创新落实“扶小”战略。小微企业解困迫切需要国家在政策环境、法律制度、市场秩序、财税金融扶持体系等方面做出调整，这也对政府管理体制提出了更高要求。目前我国中小企业管理职能分布在多个不同部委：农业部乡镇企业局管理乡镇企业、商务部中小企业办公室管理出口型中小企业、科技部管理科技型中小企业、国家工商总局管理个体与私营企业、工业和信息化部中小企业司负责中小企业发展宏观指导和总体促进工作。2011年，我国成立了中小企业工作领导小组，发挥了一定的协调作用，但这种分散的管理体制总体上还难以满足小微企业快速发展对于公共服务的巨大需求。为此，应成立直属国务院和各级地方政府的中小企业管理委员会（或中小企业局），通过体制创新加强对小微企业的统筹规划、组织领导和政策协调，落实“扶小”战略与政策支持体系。同时，相关部委也应成立专门负责中小企业的司局，纵向落实该部委的“扶小”职能，横向协调国家（各级）中小企业管理委员会的“扶小”战略与政策，并加快建立小微企业政策评价体系，为指导小微企业政策制定提供科学决策依据。

3. 完善地方政府绩效考核指标，提高各地发展小微企业的积极性。进一步调动地方政府发展小微企业的积极性是落实“扶小”战略的关键。为此，应完善地方政府绩效考核指标，淡化 GDP 指标，重点考核就业率、创新率、环保率三项指标。一是就业率指标。由于小微企业是各地就业的主要渠道，该指标必然促使地方政府积极发展小微企业。二是创新率指标。该指标包括地方企业专利数、地方 R&D（研发）投入占本地 GDP 的比重、地方 R&D 增长占本地 GDP 增长的比重等。考核这些指标有助于推动地方政府积极营造有利于小微企业创业和创新的环境，加大对创新型中小企业的支持力度。三是环保率指标。该指标可引导地方政府发展战略性新兴产业，特别是节能环保型小微企业，并积极促进小微企业的优胜劣汰和结构优化。

四　多措并举、综合治理，推动我国小微企业解困

1. 破解我国小微企业经营困境需内外兼治，推动政府职能转型。推动我国小微企业解困是一项系统工程，既要看到近期直接导致小微企业生存困境的短期因素，也要深入分析影响小微企业长远发展的经营环境因素；既需要小微企业自身拼搏努力，又需要政府主管部门、行业协会、媒体、大学和研究机构等多方面“协同创新”形成合力。政府应在市场准入、法律、金融、税收、技术创新、知识产权保护、人才培养引进、政府采购、提供公共物品、市场环境培育、规范信用担保机构等领域加大改革力度，尤其需要在公共服务提供模式上实现转型。

2. 加快促进中小微企业发展的立法工作并依法行政。一是加快改进和完善小微企业发展的法律环境。美国、日本以及中国台湾地区都出台了中小企业基本法或相关规定，而中国大陆至今还没有形成充分确认中小企业在国家经济社会中基础性和民生性地位的法律法规，扶持中小企业的法律制度有待加强，为此应尽快出台中小企业基本法。二是加大依法行政力度，依据有关促进中小微企业发展的相关法律法规，针对已经出台的政策，组织全面检查，确保真正落实。三是国务院、各部委和各地出台新的相关法律法规时，应注意与原有“扶小”政策的兼容性，避免增加小微企业的运营成本。

3．促进小微企业转型升级是根本之道。小微企业发展困难，与其传统的粗放型增长方式不适应现代市场发展紧密相关。破解小微企业经营困难，根本在于加快转型升级。一是推动小微企业加大技术创新、人才培训和市场开拓力度，通过实施“专精特新”战略，进行产业链整合，提高资源优化配置能力和市场竞争能力。二是加快发展与战略性新兴产业相关的小微企业，这需要有关部门在重点领域和关键环节抓紧制订配套措施和实施细则。三是近期可通过引导小微企业改变商务模式，先降低亏损生存下来，再寻机会发展。

4．多措并举、综合治理。一是针对小微企业融资需求特点，大力发展多层次融资服务体系，综合运用商业性金融与政策性金融工具，努力缓解小微企业融资难与融资贵问题。二是健全小微企业社会化服务体系，按照市场化、专业化发展方向，大力发展各类中介机构，部分公共服务可由政府公共财政负担。通过创新服务模式，形成多层次的服务体系和“政府扶持中介、中介服务企业”的运行机制。三是综合治理经济非实体化问题，对高收益企业和行业进行税收调节，引导资金和人才回归实业。四是进一步放宽对中小企业和民营资本的市场准入，切实简化中小企业的注册、登记等程序。

（该报告2012年9月刊发在全国哲学社会科学规划办编发的《成果要报》，报送中央政治局委员和中央书记处书记参阅）

关于实施开放协同创新系统工程，加快推进龙头企业转型升级的建议

——浙江百强企业与146家工业龙头企业发展转型点评

全球浙商发展研究院　　程惠芳

【提要】本文在对浙江百强企业与146家工业龙头企业发展转型进行调查分析后，总结了工业龙头企业转型升级过程中面临的12个主要问题：(1) 企业转型升级的成本与收益难以确定；(2) 企业转型升级的创新技术支撑力量不足；(3) 企业转型升级的创新人才支撑不够；(4) 转型升级战略方向不太明确；(5) 转型升级创新驱动能力不够强；(6) 政府对企业转型升级的政策支持力度不够强；(7) 企业转型升级的市场竞争环境不够完善；(8) 企业转型升级的信息系统还不完善；(9) 企业转型升级的管理制度还不健全；(10) 转型中技术创新成果的知识产权保护环境不够完善；(11) 企业转型升级的金融支持不够；(12) 企业内部对转型升级认识不统一。工业企业反映发展转型面临六大矛盾：(1) 政府创新战略导向与市场需求不同步的矛盾；(2) 发展新型战略产业与强化现有行业比较优势的矛盾；(3) 提高劳动者收入和企业可持续发展的矛盾；(4) 增加创新投入与提高企业效益的矛盾；(5) 扩大商品出口与发展国内新市场的矛盾；(6) 发展高新技术产业与创新要素短缺的矛盾。

针对调查研究中的问题，本文提出实施行业龙头企业开放创新八大系统工程：(1) 对接国家战略性新型产业大项目工程；(2) 自主创新能力提升工程；(3) 自主品牌提升工程；(4) 国际战略合作创

新工程；（5）产业技术创新战略联盟工程；（6）加快创新人才队伍建设工程；（7）加强金融和财政优惠政策对企业自主创新的支撑工程；（8）建立政府服务创新与企业发展转型的互动创新工程。

省委、省政府正在深入实施“创业富民，创新强省”总战略，出台“标本兼治，保稳促调”等一系列政策措施，在促进浙江经济发展方式转变和企业转型升级方面已经取得了一定的成效。为了对全球金融危机时期浙江龙头企业发展转型的情况进行客观判断，近段时间对浙江综合百强企业、制造业百强企业、服务业百强企业、146家工业行业龙头骨干企业发展转型的有关数据进行统计分析，对40余家龙头企业进行了比较深入的访谈交流和调查研究，现对浙江龙头企业发展转型情况进行初步评价分析。

一　百强企业转型升级面临的主要问题与矛盾

在全球金融危机时期，2009年度浙江百强企业营业收入和资产总额继续保持平稳较快增长，企业盈利水平稳中有升。根据目前浙江大型企业发展速度和发展态势，“十二五”时期将是浙江大型企业做强做大的黄金时期、转型升级的关键时期、提升自主创新能力和国际竞争力的重要时期。按照正常的经济发展水平，企业营业收入5年翻一番进行初步估算，到“十二五”时期末，浙江综合百强企业营业收入达到2000亿以上企业1—2家，1000亿以上企业4—5家，500亿—900亿企业10—12家，300亿—500亿企业14—16家，100亿—200亿企业45—50家。浙江制造业百强企业营业收入达到1000亿以上企业3—4家，500亿—900亿企业6—7家，300亿—500亿企业13—15家，100亿—200亿企业40—50家。浙江服务业企业营业收入50亿以上的企业将达到50—60家。随着企业规模的不断扩大，“十二五”时期浙江有望出现能进入世界500强的企业。

全球金融危机对浙江百强企业的销售收入增长、销售净利润率和资产净利润率的增长有比较严重的影响。2007—2009年，多数企业的财务指标增长出现了V形走势，表明党中央国务院和省委省政府的经济刺激政策、保增长和保企业的重要举措对企业的平稳增长发挥了积极作用，取得了显著的成效。但是在金融危机时期多数龙头企业的创新投入出现明显下降的趋势，经济发展前景不确定使企业创新动力下降，企业发展转型、创新驱动和内生增长任重道远。

课题组对146家工业行业龙头骨干企业进行调查，当前龙头企业转型升级过程中面临12个主要问题，企业普遍反映发展转型面临六大矛盾。要切实提高龙头企业创新投入，提升龙头企业的自主创新能力，实施创新驱动和发展转型需要长期艰苦的努力，需要体制机制的进一步创新与改革。为此，本文提出浙江经济发展转型和龙头企业转型升级应从全球视野出发，把握世界经济发展转型的新趋势，抓住世界经济转型的战略机遇，增强龙头企业自主创新能力，实施龙头企业开放协同创新系统工程，加快推进龙头企业转型升级的八个方面的建议，供省委省政府领导和有关部门参考。

1. 企业营业收入变化分析——百强企业营业收入和资产总额继续保持平稳较快增长，在浙江经济发展中发挥着重要作用。

2009 年浙江综合百强企业营业收入总额为 16260 亿元，资产总额 9617.4 亿元，利润总额 753.2 亿元，税收总额 915 亿元，研究开发总额 134.2 亿元，从业人数为 147.7 万。2009 年制造业百强企业营业收入总额为 11351 亿元，服务业百强企业营业收入总额为 6010 亿元。综合百强企业排第 1 位的是浙江省物产集团公司，营业收入为 1132 亿元；制造业百强企业排第 1 位的是中国石油化工股份有限公司镇海炼化分公司，营业收入为 742.5 亿元。

综合百强企业的营业收入和资产继续保持平稳较快地增长，营业总收入从 2005 年的 8451.5 亿元增加到 2009 年的 16260.3 亿元，营业总收入增长到 1.92 倍。同期资产总额从 5528.4 亿增加到 9617.4 亿元，资产总额增长到 1.74 倍（图 1）。

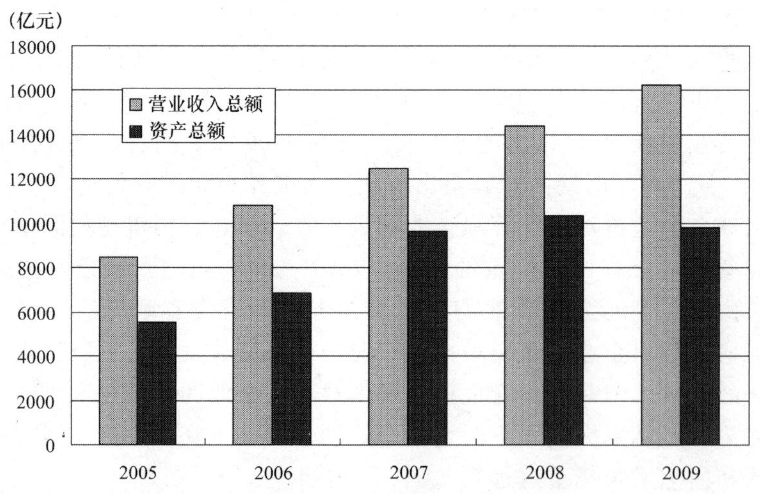

图 1　浙江综合百强企业营业收入总额和资产总额（2005—2009）

2009年，浙江综合百强企业营业收入总额占规模以上工业企业的总额比例为37%左右，利润为25%左右，资产为30%左右，研究开发经费为50%左右，表明浙江百强企业在浙江经济发展中具有非常重要的作用。

全球金融危机对浙江百强企业的销售收入增长有比较明显的影响，从排名第1位和第100位企业的销售收入总额变化图可以反映出销售收入增长出现明显放缓的趋势（图2、图3）。

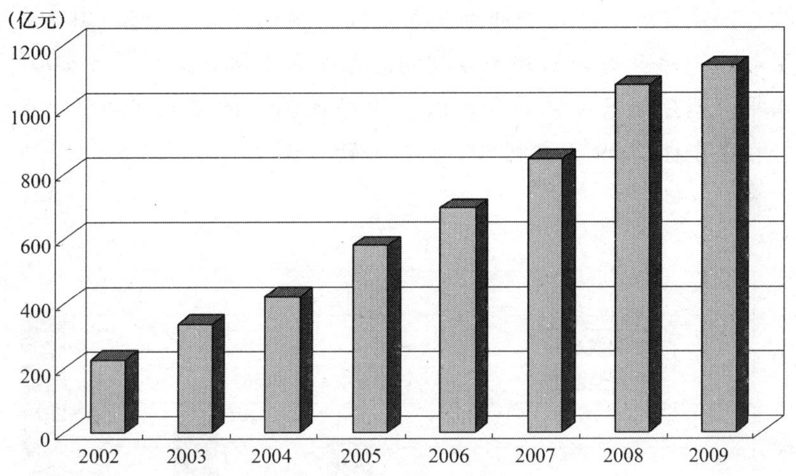

图2　浙江综合百强企业中排名第1位企业的销售收入

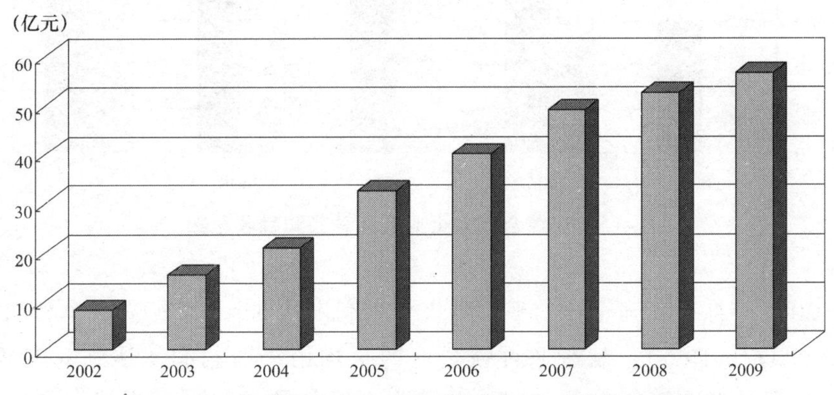

图3　浙江综合百强企业中排名第100位企业的销售收入

在2007—2009年金融危机期间，多数企业的销售收入增长指标出现了V形走势，表明党中央国务院和省委省政府的经济刺激政策对企业的恢复增长发挥了积极作用。但是不同行业企业的增长差异很明显，医药和装备制造业在金融危机期间增长指标比较稳定，外贸企业、钢铁和建材等企业变化比较大。

2. 百强企业盈利水平变化——百强企业利润总额和税收总额 5 年增长了 3 倍，金融危机中企业盈利水平稳中有升。

2009 年综合百强企业利润总额为 753.2 亿元，税收总额为 915 亿元。利润总额从 2005 年的 237.9 亿元上升到 753.2 亿元，增长到 3.17 倍。同期税收总额从 303.7 亿元增加到 915 亿元，增长到 3.01 倍。由于金融危机的影响，2008 年综合百强企业利润总额明显下降，甚至低于 2007 年的利润水平。但是国家和省委省政府“保稳促调”的政策和经济刺激政策使综合百强企业 2009 年盈利水平明显好转（图 4）。

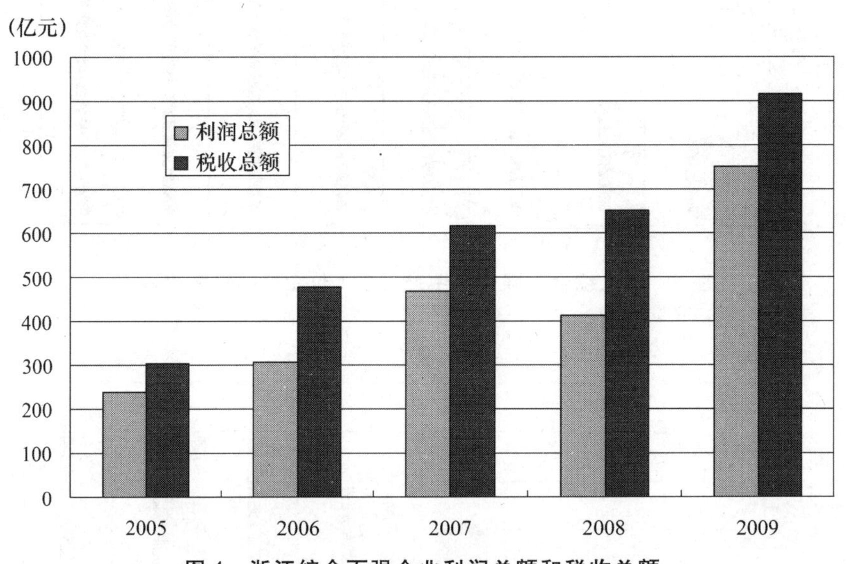

图 4　浙江综合百强企业利润总额和税收总额

2009 年综合百强企业的平均销售净利润率达到 4.6%，资产净利润率达到 6.3%（图 5）。制造业百强企业的平均销售净利润率达到 6.15%，资产净利润率达到 7.75%，制造业百强企业的盈利水平高于综合百强企业。服务业百强企业的平均销售净利润率达到 2.86%，资产净利润率达到 3.41%，盈利水平略低于综合百强企业。

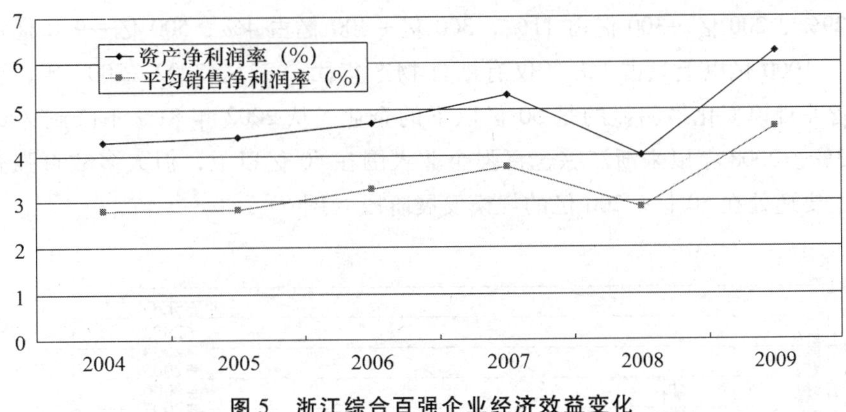

图 5　浙江综合百强企业经济效益变化

2009 年浙江百强企业经济效益是 2004 年以来最好的年份。综合百强企业中盈利能力最好的企业是娃哈哈集团，销售净利润率高达 20.33%，资产净利润率达到 30%。综合百强企业中有 20 家企业资产净利润率达到 10%—20%。制造业百强中盈利能力最好的企业是宁波乐金甬兴化工有限公司，销售净利润率高达 84.38%。服务业百强中盈利能力最好的企业是浙江中国小商品城集团股份有限公司，销售净利润率达到 24.33%。表明国家和省委省政府在金融危机期间出台的一系列经济刺激政策对企业的经济效益增长发挥了积极作用，这种作用主要来自五个方面：一是国际原料价格下降使企业成本明显下降，而产品价格相对稳定，因此企业收入明显增加。二是低利率降低了企业的融资成本。三是政府减免税费使企业收入增加。四是企业库存下降使企业降低成本。五是企业转型升级取得了一定的成效。

但是不同行业和不同企业之间盈利能力与水平差距比较大，2009 年服务业百强企业中有 28 家销售净利润率在 1% 以下，盈利水平比较差，其中大多数是外贸企业。制造业百强中有 2 家销售净利润率在 1% 以下，说明在金融危机期间浙江制造业大企业整体经济效益比服务业大企业更好。

3. 企业营业收入规模分布变化——综合百强企业规模分布主要集中在 50 亿—200 亿企业，浙江进入中国 500 强企业数量处在全国第 4 位。

2009 年浙江综合百强企业营业收入规模分布主要集中在 50 亿—200 亿企业（占百强企业总数 77%），其中 50 亿—100 亿占 48%，100 亿—200 亿占29%，200亿—300亿占11%，300亿—400亿占4%，500亿—900亿占5%，1000亿以上只占1%（仅有浙江物产集团一家）。2002—2009年，企业营业规模变化最明显的是50亿以下的企业，从2002年81%下降到2007年3%。2008年以来浙江综合百强企业入围在50亿以上，但大多数百强企业主要还处在50亿—200亿的规模发展阶段（图6）。

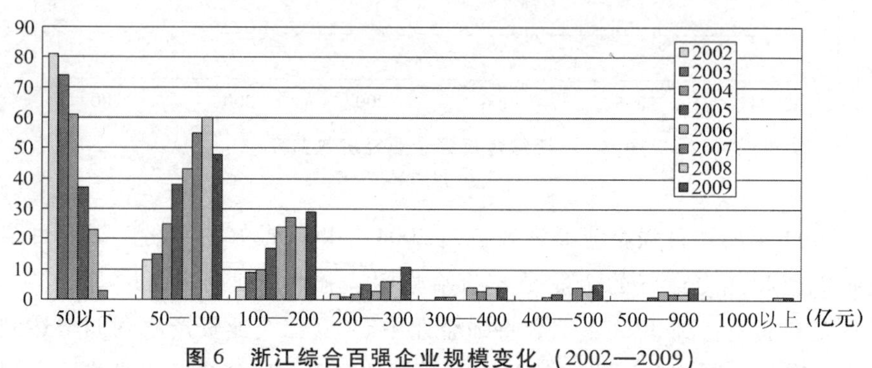

图6　浙江综合百强企业规模变化（2002—2009）

浙江百强企业和146家龙头企业中有38家进入中国500强企业，浙江企业在中国500强中的排名处在第4位，排在北京、山东和江苏之后，浙江大企业发展数量和水平处在全国前列。把中国500强企业数量按省市区域分布进行排序并分为4个层次，浙江在全国500强企业数量中处于第2层次。其中北京（98家）、山东（51家）、江苏（50家）进入第1层次。浙江（38家）、广东（36家）、上海（28家）、天津（23家）进入第2层次。辽宁（17家）、河北（16家）、河南（15家）、山西（12家）、四川（11家）、安徽（11家）进入第3层次。其余省份进入全国500强企业的数量都在10家以下，排在第4层次。但是浙江进入中国500强的企业大部分集中在100亿—500亿规模内，而北京、广东、江苏、山东、上海、天津等省市500亿以上的企业数量比浙江多。

2002年以来，综合百强企业排序前10位企业中浙江省物产集团公司、中国石油化工股份有限公司镇海炼化分公司稳居前两位。杭州钢铁集团公司、广厦控股创业投资有限公司、万向集团、浙江省兴合集团公司、杭州娃哈哈集团有限公司在前10位中的地位比较稳定。浙江省能源集团有限公司和海亮集团有限公司近几年发展速度加快，在前10强中的地位有所提升（表1）。

表 1　　2002—2009 年浙江省综合百强前 10 强

2002	2003	2004	2005	2006	2007	2008	2009
浙江省物产集团公司	浙江省物产集团公司	中国石化镇海炼油化工股份有限公司	中国石化镇海炼油化工股份有限公司	中国石油化工股份有限公司镇海炼化分公司	浙江省物产集团公司	浙江省物产集团公司	浙江省物产集团公司
中国石化镇海炼油化工股份有限公司	中国石化镇海炼油化工股份有限公司	浙江省物产集团公司	浙江省物产集团公司	浙江省物产集团公司	中国石化股份有限公司镇海炼化分公司	中国石油化工股份有限公司镇海炼化分公司	中国石油化工股份有限公司镇海炼化分公司
中国石化浙江石油分公司	广厦控股创业投资有限公司	杭州钢铁集团公司	中国石油化工股份有限公司浙江石油分公司	中国石油化工股份有限公司浙江石油分公司	杭州钢铁集团公司	杭州钢铁集团公司	中国塑料城
万向集团	杭州钢铁集团公司	广厦控股创业投资有限公司	浙江省兴合集团公司	浙江省兴合集团公司	浙江省兴合集团公司	万向集团公司	万向集团公司
广厦控股创业投资有限公司	万向集团公司	万向集团公司	广厦控股创业投资有限公司	广厦控股创业投资有限公司	广厦控股创业投资有限公司	广厦控股创业投资有限公司	广厦控股创业投资有限公司
普天东方通信集团有限公司	横店集团	UT 斯达康通讯有限公司	杭州钢铁集团公司	杭州钢铁集团公司	万向集团公司	浙江省兴合集团公司	杭州钢铁集团公司
杭州钢铁集团公司	UT 斯达康通讯有限公司	浙江移动通信有限责任公司	万向集团	万向集团公司	浙江省国际贸易集团有限公司	浙江省能源集团有限公司	杭州娃哈哈集团有限公司
横店集团控股有限公司	宁波波导股份有限公司	横店集团	雄峰控股集团有限公司	宁波金田铜业（集团）股份有限公司	浙江省能源集团有限公司	浙江省国际贸易集团有限公司	浙江省能源集团有限公司
杭州娃哈哈集团有限公司	杭州娃哈哈集团有限公司	雅戈尔集团股份有限公司	雅戈尔集团股份有限公司	海亮集团有限公司	宁波金田投资控股有限公司	杭州娃哈哈集团有限公司	海亮集团有限公司
正泰集团	雅戈尔集团股份有限公司	正泰集团	正泰集团	普天东方通信集团	海亮集团有限公司	海亮集团有限公司	浙江省兴合集团公司

4. 浙江百强企业区域分布变化——杭州、宁波、绍兴已经成为浙江百强企业的总部经济中心，大企业集聚的趋势持续稳定，服务业大企业与制造业大企业具有互动发展的关系。

2009年浙江省综合百强企业仍然主要集中在杭州（40家）、宁波（27家）、绍兴（17家）3个市地，杭、宁、绍3个市地的省综合百强企业数占全省总数的84%。综合百强企业区位分布在杭、宁、绍的集中趋势不仅具有稳定性，还具有增强的趋势，杭州和宁波已经成为浙江百强企业的总部经济中心（图7）。

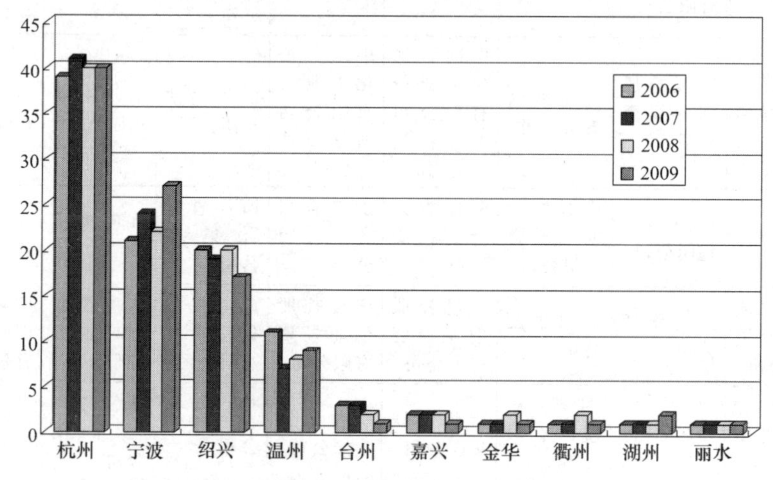

图7 浙江综合百强企业区域分布（2006—2009）

2009年服务业百强企业的区域集中程度更高，杭、宁、绍3个市地的服务业百强企业数占全省总数的89%，其中宁波（48家）、杭州（30家）、绍兴（11家），而丽水和衢州则没有一家服务业百强企业。2009年制造业百强企业主要集中在杭州（34家）、宁波（22家）、绍兴（17家）和温州（12家）（图8），占全省制造业百强企业的85%。宁波的服务业大企业发展出现了明显的增长优势，表明制造业和服务业的大企业主要集中在大中城市，制造业大企业与服务业大企业具有互动发展的关系。

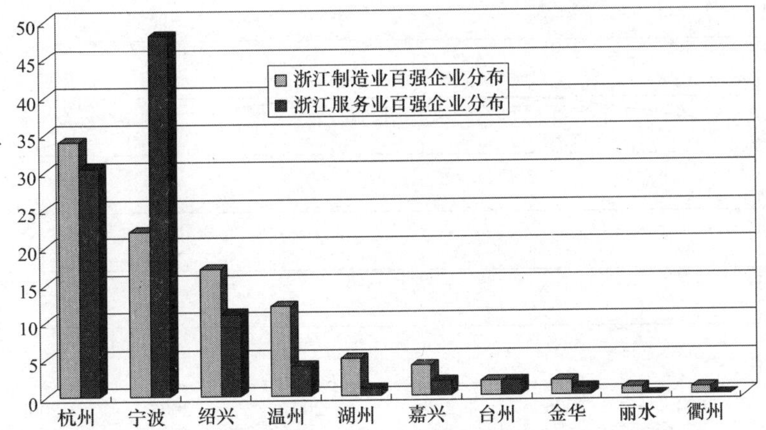

图 8　2009 年浙江制造业百强企业和服务业百强的区域分布

5. 百强企业创新投入变化——金融危机环境下企业的创新投入出现明显下降的趋势，经济发展前景不确定使企业创新动力下降，企业发展转型、创新驱动和内生增长任重道远。

2009 年综合百强企业研究开发投入总额为 134.24 亿元，比 2008 年有所减少。综合百强企业研究开发投入总额从 2005 年的 78.3 亿元增加到 2009 年的 134.24 亿元，增长到 1.71 倍。但是 2007 年以来，企业研究开发投入总额增长速度放慢，研究开发投入额占销售收入比例逐渐下降，2009 年研究开发投入额占销售收入比例为 0.826%，达到 2004 年以来的最低点（图 9、图 10）。

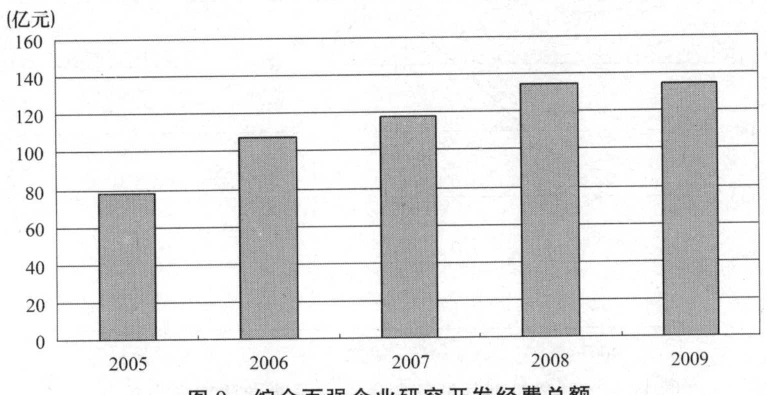

图 9　综合百强企业研究开发经费总额

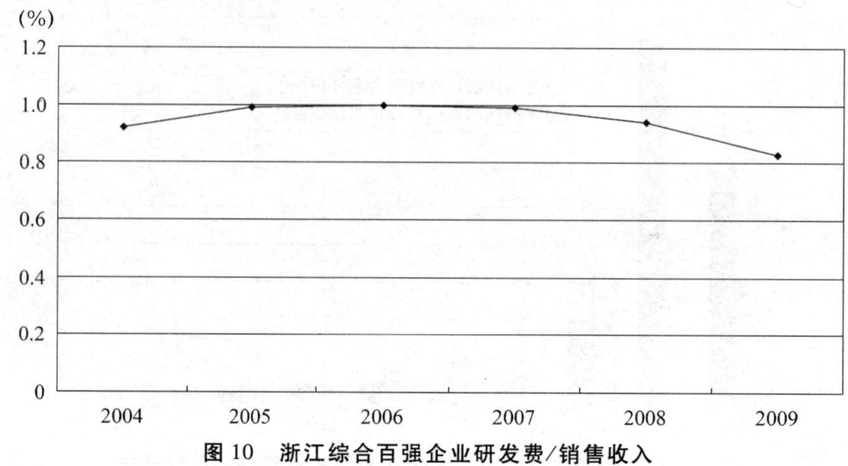

图 10　浙江综合百强企业研发费/销售收入

2009 年制造业百强企业的研究开发投入总额为 152.3 亿元，比 2008 年增加了 0.5 亿元左右，增幅是 2004 年以来最小的一年。制造业百强企业的研究开发投入占销售收入比例高于综合百强企业，但是制造业百强企业的研究开发投入也比较明显地下降了。2009 年制造业百强企业研究开发投入占销售收入比例为 1.34%，比 2008 年的 1.44% 下降了 0.1%（图 11—图 13）。表明在全球金融危机环境下，制造业百强企业的创新投入出现明显下降的趋势。

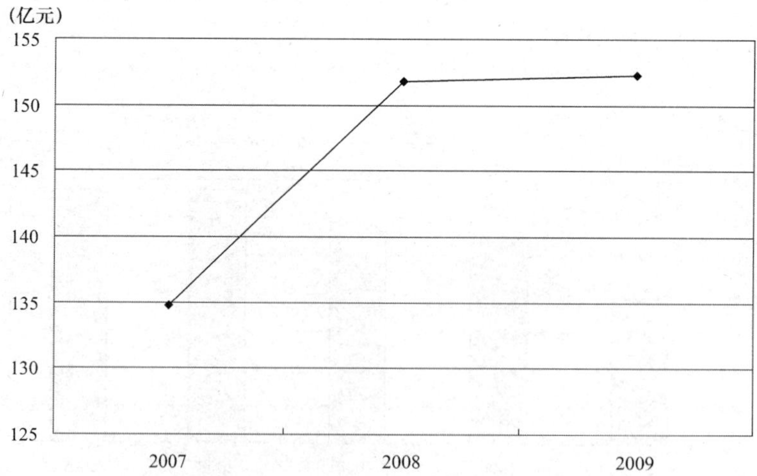

图 11　金融危机期间浙江制造业百强企业研究开发投入

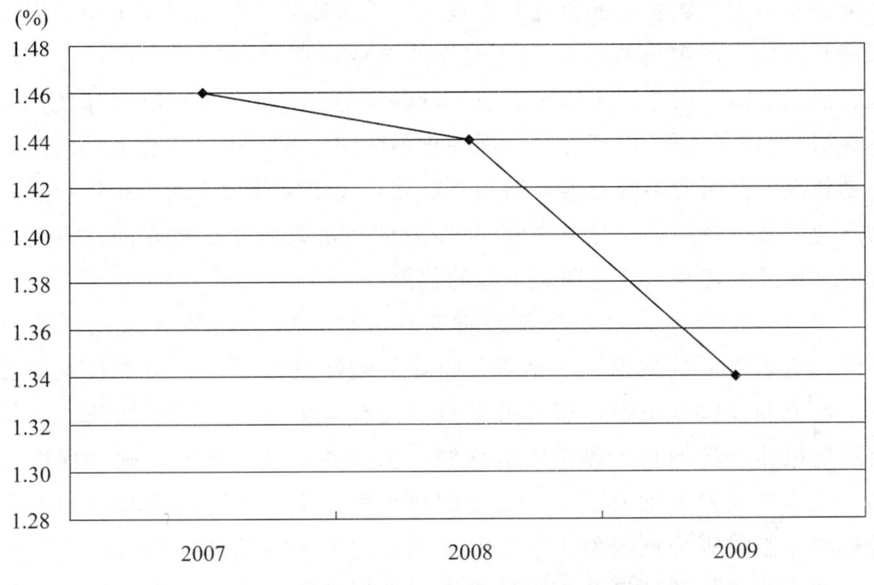

图 12 百强制造业企业 R & D/销售收入

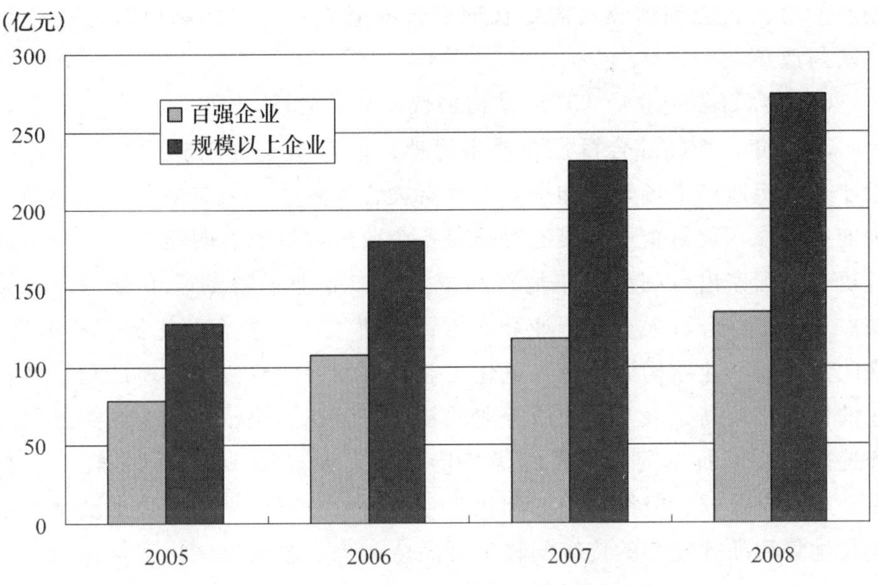

图 13 百强企业与规模以上工业企业研究开发经费总额变化

在 2007 年以来全球金融危机的环境下，百强企业研究开发经费的增长略低于营业收入和资产总额的增长，明显低于利润和税收的增长。综合百强企业中大多数企业的研究开发投入占销售收入比例出现了下降，原先研究开发投入占销售收入比例比较高的企业，如吉利控股集团、龙盛控股、桐昆集团、奥克斯集团等企业下降幅度达到2%左右。研究开发投入总额增长明显放缓，由于经济发展前景不明朗，要素价格变化波动大，企业创新投入产出的不确定因素增加，导致企业研究开发投入占销售收入比例出现明显下降趋势。尽管2009年企业的经济效益是比较好的，但是企业的创新投入还是出现了明显下降的趋势。

2007—2009年，百强企业的研究开发投入额占销售收入比例持续下降，有多方面的原因：一是百强企业的创新投入不足，销售收入增长高于研究开发投入增长，研究开发经费没有与销售收入同步增长。二是金融危机使经济增长不确定因素增加，企业创新投入产出不确定程度增加，企业创新投入动力下降。三是创新环境还不完善，创新驱动和内生增长的体制机制与创新型国家的要求还有比较大的差距，政府还需要进一步加快改善创新环境和创新体系，加大创新政策支持力度，加快创新人才队伍建设。企业创新投入的数据表明，要提高企业创新投入和自主创新能力，实施创新驱动需要长期艰苦的努力，需要体制机制的进一步创新与改革。

6. 浙江百强企业进入产业结构加快调整的阶段。

2009年，浙江综合百强企业中房地产和建筑企业增长明显加快，与近年来的房地产市场繁荣和房价上涨有关，大企业进入房地产行业的动力和能力增强。贸易企业和交通运输设备企业的数量也有明显增加，与金融危机时期国家出台刺激汽车消费和增加出口企业退税的政策有一定的关系。从浙江综合百强企业行业分布看，重化工业大型企业比例有所提高，表明浙江的产业结构调整进入重化工业加快发展的阶段。房地产和贸易企业的比例比较高，表明现代服务业的发展速度在加快，贸易企业数量稳定和提高反映了浙江贸易大省的优势仍然在发展（图14）。但是轻工、食品、家具企业、一般机械企业和化工企业数量有所减少，反映出没有技术创新优势和品牌优势的传统的轻工食品企业、一般机械、化工企业的竞争优势下降并退出了综合百强企业的行列。

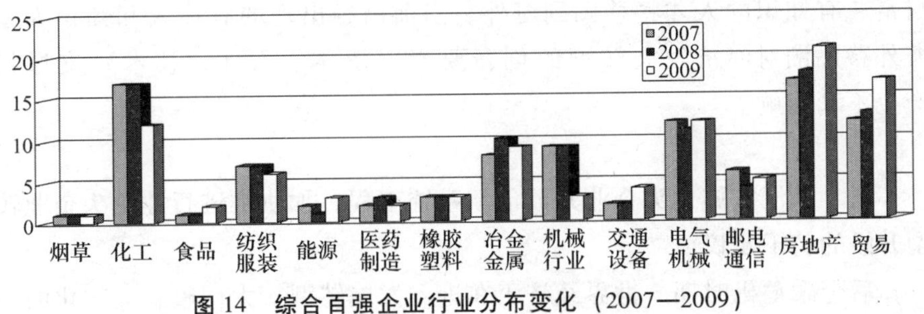

图 14　综合百强企业行业分布变化（2007—2009）

二　龙头企业转型升级面临的主要问题与矛盾

课题组对 146 家工业行业龙头骨干企业进行了问卷调查，当前龙头企业转型升级过程中面临着 12 个主要问题：（1）企业转型升级的成本与收益难以确定；（2）企业转型升级的创新技术支撑力量不足；（3）企业转型升级的创新人才支撑不够；（4）转型升级战略方向不太明确；（5）转型升级创新驱动能力不够强；（6）政府对企业转型升级的政策支持力度不够强；（7）企业转型升级的市场竞争环境不够完善；（8）企业转型升级的信息系统还不完善；（9）企业转型升级的管理制度还不健全；（10）转型中技术创新成果的知识产权保护环境不够完善；（11）企业转型升级的金融支持不够；（12）企业内部对转型升级认识不统一。

在调查中企业普遍反映龙头发展转型面临六大矛盾：（1）政府创新战略导向与市场需求不同步的矛盾；（2）发展新型战略产业与强化现有行业比较优势的矛盾；（3）提高劳动者收入和企业可持续发展的矛盾；（4）增加创新投入与提高企业效益的矛盾；（5）扩大商品出口与发展国内新市场的矛盾；（6）发展高新技术产业与创新要素短缺的矛盾。

龙头企业普遍提出转型升级是具有战略意义的长期重要任务，企业转型升级要根据自身特点和基础条件实现渐渐逐步创新转变。企业转型升级需要企业和政府共同长期艰苦努力，需要政府加快完善经济转型升级的环境，加大支持企业转型升级的优惠政策措施。

企业提出政府要处理好当前改善民生与长期可持续发展投入的关系，提高劳动力的工资水平要考虑企业的承受能力。企业经营者提出企业家也是民生的重要组成部分，在社会复杂变化的环境中，要处理好保护社会弱势群体和保护合法经营企业家的关系，如果处理不当，大批有财富、有知识的人才将移民到海外。当前已经出现的有钱人和知识人才海外移民潮对经济发展转型的创新要素（资本、人才、技术）支撑将产生不利影响。

三 浙江实施龙头企业开放创新系统工程，加快推进行业龙头企业转型升级的若干建议

后金融危机时期，世界经济正在进入发展转型、大调整和大变化的新阶段。发达国家和发展中国家都在寻找新的经济增长点，以低碳技术、环保技术、数字技术、生物技术、智能化技术为主题的新科技革命和新产业革命正在逐渐形成新的发展浪潮，并推动经济全球化向前发展，新一轮占领未来国际产业发展制高点的创新竞争正在展开。世界经济发展转型中出现了绿色经济、生物经济、数字经济等新的经济发展形态和新的产业发展空间。

浙江经济发展转型和龙头企业转型升级应从全球视野出发，把握世界经济发展转型的新趋势，抓住世界经济转型的战略机遇，增强龙头企业自主创新能力，引领和促进浙江企业加快转型升级。

在工业龙头企业转型升级中要加快提升 50 亿—100 亿企业群体的技术创新能力、管理创新能力和品牌竞争力，在转型升级中实现开放创新和跨越式发展。加快提升 100 亿—200 亿的企业群的核心技术控制力和创新竞争力，实现持续发展和规模扩张，争取在“十二五”时期有一批民营龙头企业达到 300 亿—400 亿规模，增强行业关键核心技术控制力。增强 300 亿以上企业群体的自主创新能力，加快产业链的国内外拓展，掌握产业链中核心价值环节，鼓励 300 亿以上企业从国内著名品牌向国际著名品牌转变，培育一批营业收入规模达到 500 亿—1000 亿及 1000 亿以上的民营企业，培育 2—3 家具有国际竞争力和自主创新能力的未来能进入世界 500 强的跨国公司。为此，提出实施行业龙头企业开放创新系统工程，企业开发协同创新系统工程包括下列 8 个开放创新子系统工程。

（一）对接国家战略性新型产业大项目工程

鼓励和支持有条件的工业龙头企业积极对接国家战略产业大项目，积极发展绿色经济项目、节能环保、新兴数字产业、生物产业、新能源、新能源汽车、高端装备制造业和新材料等战略产业的大项目，承接“智能电网”“智慧城市”“低碳技术”和通信网络、物联网、三网融合、高性

能集成电路及高端软件、生物医药、生物农业、生物制造、核能、太阳能、风能、插电式混合动力汽车、纯电动汽车、海洋工程装备、高端智能装备、特种功能和高性能复合材料。支持工业龙头企业争取国家战略产业领域的大项目，政府各级财政资金要加大对工业龙头企业开发国家战略产业的大项目的支持力度，在承担国家战略产业大项目的过程中加快培育战略型的大企业。

（二）自主创新能力提升工程

鼓励工业龙头企业加大研究开发和技术创新的投入力度，依托大项目和重点工程，优先研究发展核心关键技术，加快推进新能源、高档数控机床、现代轨道交通装备、智能化仪器仪表、精准农业机械、电子专业设备以及重大的节能环保装备等重大技术装备的自主化和本土化。加快微电子和光电子器材、新型功能材料、高性能结构材料、纳米材料、高档软件等领域的科技攻关，形成具有世界先进水平新材料和智能绿色制造体系。

集中财政资金，加大对重点项目和重大项目的支持力度，扶植一批自主创新的大项目。从税收优惠和信贷政策上积极支持企业采用新资源及新能源的技术设备，积极开发替代能源和新型原材料。依靠技术创新和管理创新，提高劳动生产率，降低生产成本，节能减排，以抵销劳动力等要素成本的上升。在装备制造业、化工化纤、轻工纺织服装、医药、电子信息等重点行业培育一批自主创新能力强、主导产品优势突出、拥有自主知识产权和核心技术、具有国际竞争力的大型企业集团。

（三）自主品牌提升工程

大力支持龙头企业从区域品牌向著名国内品牌和国际品牌转变，从贴牌生产（OEM）向自主品牌提升转变。支持企业通过资产重组和并购扩大规模，规模是企业加快自主创新投入、制定技术标准和发展自主品牌的基础。支持企业强化品牌设计推广，加强企业文化和品牌机构建设，加强品牌人才引进与培养。鼓励企业并购国内外著名品牌，提升自主品牌竞争力，积极支持企业实施国内外著名品牌经营战略，对获得国际著名品牌企业实施奖励政策。

（四）国际战略合作创新工程

鼓励龙头企业瞄准全球经济发展方式转变和国际生产体系的高端，大力发展具有较高附加值和技术含量高的装备制造产业和战略性新兴产业。

大力支持龙头企业与国际知名大企业和世界500强企业开展新材料开发、新产品研究开发、技术创新中心、市场网络建设等全方位战略合作。积极支持企业发展国际大客户战略合作联盟，加强与欧美主要发达国家的世界著名大企业在资本、技术、管理等全方位的合作创新。主动对接国际产业转移，鼓励有条件的企业在全球范围内开展资源和价值链的整合，发展国际化的产业链和价值链，建立新型战略产业的国际合作战略联盟，鼓励有条件的企业参与新型产业的国际技术标准的制定，提高浙江龙头企业的国际影响力和国际竞争力。

积极吸引国际大公司到杭州、宁波、绍兴等大中城市建立技术研究中心和区域性总部机构，鼓励龙头企业积极对接国际高技术产业的外包和技术服务合作网络。积极开展国际技术交流，举办世界著名的学术会议，鼓励地方政府、大型企业、高校、研究机构之间开展不同层次的国际技术合作战略对话活动。

（五）产业技术创新战略联盟工程

鼓励有条件的企业建立产业合作创新发展基金，积极支持企业发展合作创新的产业技术创新战略联盟，在装备制造业、化工化纤、轻工纺织服装、医药、电子信息、交通运输等重点行业发展若干个产业技术创新战略联盟。鼓励民营企业建立自愿合作联盟型技术创新研究中心，降低创新成本，优化创新要素的配置，在产业集聚区建设产业技术创新战略联盟大楼或技术创新战略联盟示范园区，积极聚集国内外的创新资源，促进技术集成创新和自主创新，推动技术结构、产业结构和企业组织结构的优化升级。加快实施产业技术创新战略联盟工程，有效地提升以企业集群和龙头企业为核心的自主创新能力，力争在局部领域和若干重点产业实现技术创新的有效突破。

（六）加快创新人才队伍建设工程

支持龙头企业加快培养和引进高层次的创新人才，加强创新团队和创新人才服务平台建设。鼓励和引导科技创新人才为企业服务，促进企业、高等学校、科研机构人才资源相互流动和共享，探索形成产学研合作培养创新人才的新机制，提升企业科技人才创新能力。大胆引进和使用海外高水平拔尖人才，建立开放型的技术创新中心，积极吸引和凝聚海外归国高层次科技和管理人才到浙江龙头企业工作。

各级政府财政要加大对创新人才发展资金的投入，较大幅度地增加人力资本投资比重。大力发展各类创新团队，造就一大批能引领企业创新发展转型的企业家队伍，造就一大批能引领关键核心技术研究开发的科技领军人才，造就一大批能引领管理创新和提升管理水平的高层次经济管理人才。积极解决高层次创新人才的保障性住房，创新人才的住房放到保障性住房的优先地位。

加强企业家队伍和企业接班人队伍建设，加快职业经理人队伍建设。完善技术工人培养教育体系，在块状经济和产业集群示范区发展技工学校或设立相应的技工专业，提高技术工人的能力和水平，为企业的产品升级和技术升级提供技术工人的支撑。

（七）加强金融和财政优惠政策对企业自主创新的支撑工程

浙江有数千亿的民间资本在寻找投资机会，但是规模以上工业企业的研究开发投入却只有200多亿元，百强企业的研究开发投入只有130亿—150亿。要加快研究吸引民间资本投入创新和发展转型项目，制定相应的金融和财政政策，加快金融创新，扩大民间资本对创新投入的渠道和机会，提高民间资本对创新投入的收益。

积极支持工业龙头企业上市，提高龙头企业直接融资比例，完善公司治理结构。强化银行信贷投向指导，开展融资跟踪服务，鼓励工业龙头企业参与金融服务业发展，支持龙头企业对外融资，支持有能力的创新型大企业发行融资券和票据。落实对龙头创新企业的税收优惠政策，加强税收政策对企业发展转型升级的支撑，支持企业加快国际国内著名品牌建设，支持企业“走出去”拓展国际发展空间，支持企业实施技术标准战略与技术研究中心国际化发展战略。

（八）建立政府服务创新与企业发展转型的互动创新工程

企业的转型升级是涉及制度创新、管理创新和技术创新等诸多因素的系统工程。企业转型升级的过程是制度创新、管理创新和技术创新互动的过程。这种互动体系中，企业内部的技术创新与管理创新的互动是企业转型升级的基础。政府层次上的制度创新与技术创新的互动，不仅为企业转型升级提供了技术创新的平台、技术创新环境和创新政策支持，而且为企业转型升级创造良好的制度环境和制度框架，是企业转型升级创造良好环境的重要保障条件。政府与企业在转型升级中的良性互动是提高转型升级效率的重要途径。企业转型升级的过程是政府的创新推动力、市场竞争的拉动力和企业谋求持续发展的原动力形成合力的过程。加快建立政府与企业在转型升级中的互动创新体系，把企业和产业转型升级中开放创新体系建设的重要任务列入地、市、县的政府领导的考核指标，积极推进转型升级的制度创新。

〔该文于2010年被吕祖善（时任省长）、金德水（时任副省长）批示〕

浙江百强企业创新驱动与转型升级分析

——百强企业10年排行榜点评

全球浙商发展研究院　　程惠芳

【提要】本文对浙江百强企业近10年的创新驱动与转型升级进行分析。分析结果表明：百强企业发展规模持续扩大，发展阶段处于投资驱动向创新驱动的转型期，百强企业创新投入产出增加，企业之间创新投入差异明显。百强企业经济效益相对稳定，税收贡献显著。在创新驱动阶段，企业迫切需要探索适应创新驱动发展的新模式，创新驱动方向准确判断和转型速度的控制很重要，需要加快创新体系建设，出台更多有利创新驱动的政策工具。

本文提出应根据产业和企业特点，实施分类指导的创新驱动战略。浙江迫切需要加强对高技术产业发展支持力度，特别是加强对新材料产业、医药产业、信息产业及智能制造的核心技术研究开发的政策支持，提高产业劳动生产率，提高企业规模效应，再创产业竞争新优势。迫切需要加快改变企业家队伍结构，加快培养和引进科技型的企业家，积极鼓励高校教授、研究生、科技人员创办科技型企业。加强从世界范围引进科技型创新创业人才，从国内外公开竞聘科技型和创新型管理干部，加强具有全球视野的创新型青年企业家队伍建设。

浙江省进入经济转型升级的关键阶段，创新成为推动经济转型和结构调整的重要力量，创新成为企业长期健康发展的重要支撑。在全省深入贯彻落实省委提出的实施创新驱动发展战略、打造浙江经济升级版的背景下，接受浙江省企业家协会的委托，根据近10年来浙江百强企业发展的有关数据，对百强企业创新驱动和转型升级进行分析。百强企业创新发展的经验对浙江企业创新驱动、加快转型升级具有示范效应。百强企业创新驱动中面临的问题具有一定代表性，是当前实施创新驱动战略迫切需要研究解决的问题。本文在调查研究的基础上提出加快企业创新驱动和转型升级的若干建议，供企业和政府有关部门决策参考。

一　百强企业创新驱动与转型升级分析

创新驱动的概念是由美国迈克尔·波特在《国家竞争优势》中提出的，他认为国家经济发展阶段，参与国际竞争的过程大致可以分为四个阶段：第一阶段是要素驱动，主要依靠土地、劳动力、原材料、自然资源驱动经济发展。第二阶段是投资驱动，通过固定资产投资驱动经济发展。第三阶段是创新驱动，依靠创新提高产品和技术的国际竞争力，推动经济持续发展。第四阶段是财富驱动。企业发展转型也相应经历要素驱动、投资驱动、创新驱动等阶段。根据有关数据，浙江百强企业发展转型的阶段和特点如下。

1. 百强企业发展规模持续扩大，发展阶段处于投资驱动向创新驱动的转型期，进入世界500强企业数量将增加。

2002—2012年是浙江百强企业持续快速发展的11年，百强企业资产规模和营业收入规模持续扩大。综合百强企业的营业收入总额从2002年的3242亿元上升到2012年的30718亿元。资产总额从2004年的5528亿元上升到2012年的20774亿元（图1、图2）。

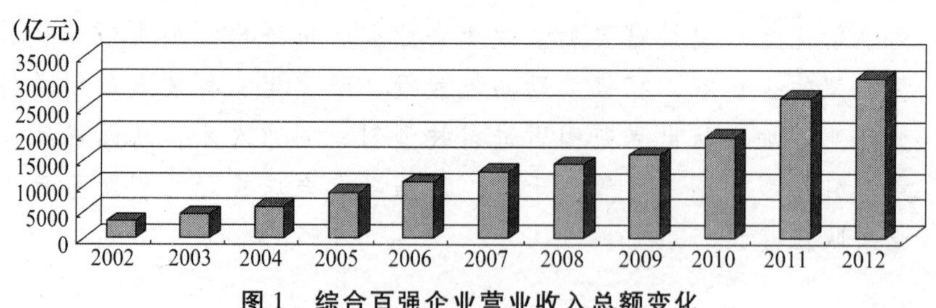

图1　综合百强企业营业收入总额变化

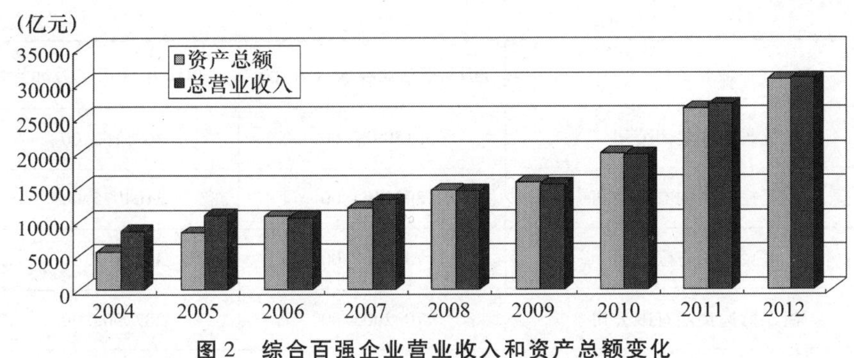

图2 综合百强企业营业收入和资产总额变化

综合百强企业的营业收入的入围门槛从2003年的8亿元上升到2012年的102亿元。制造业百强企业营业收入的入围门槛从2007年的33亿元上升到2012年的56亿元。2012年综合百强企业中，营业收入达到1000亿元规模以上的企业有4家，营业收入达到600亿元规模以上的企业有12家（表1），营业收入达到300亿元规模以上的企业有32家。浙江百强企业中进入2013版世界500强的企业有2家，即浙江物产集团排名为364位，浙江吉利控股集团排名为477位。2013版世界500强企业的入围门槛是231亿美元。按照目前的百强企业发展速度，到“十二五”时期末，浙江进入世界500强企业数量有望从目前2家增加到6—8家。万向集团、海亮集团、恒逸集团、娃哈哈集团、广厦集团等民营企业有望在今后5年进入世界500强企业行列。

表1 2012年营业收入600亿元以上企业名单

企业名称	2012年营业收入（万元）	2012年资产（万元）
浙江省物产集团公司	19683252.00	5913544.00
浙江吉利控股集团有限公司	15489452.00	11326194.00
中国石油化工股份有限公司镇海炼化分公司	13550447.22	4040181.54
中国石油化工股份公司浙江石油分公司	10500377.09	1756173.03
万向集团公司	9587435.00	6199277.00

续表

企业名称	2012 年营业收入（万元）	2012 年资产（万元）
杭州钢铁集团公司	9150977.00	4085162.00
广厦控股集团有限公司	8022493.00	3104075.00
海亮集团有限公司	7852780.00	4133900.00
浙江恒逸集团有限公司	7032005.00	2870908.00
浙江省能源集团有限公司	6714550.00	12064973.00
杭州娃哈哈集团有限公司	6363450.99	3543147.65
浙江省兴合集团公司	6154829.00	2830659.00

百强企业持续快速发展，企业规模不断扩大，技术创新、管理创新、商业模式创新已经积累了一定经验和基础，企业创新动力增强，为实施创新驱动战略创造条件，百强企业发展阶段将进入投资驱动向创新驱动的重要转型期。

2. 百强企业创新投入产出增加，企业之间创新投入差异明显。

综合百强企业研究开发总经费投入持续增加，研究开发经费从 2004 年的 78 亿元增加到 2012 年的 291 亿元。2012 年研究开发经费达到 10 亿元以上的企业有 3 家，研究开发经费在 5 亿—10 亿规模企业有 11 家，研究开发经费在 1 亿—5 亿企业有 40 家，研究开发经费在 1 亿以下企业为 30 家，没有研究开发经费投入的企业有 16 家。

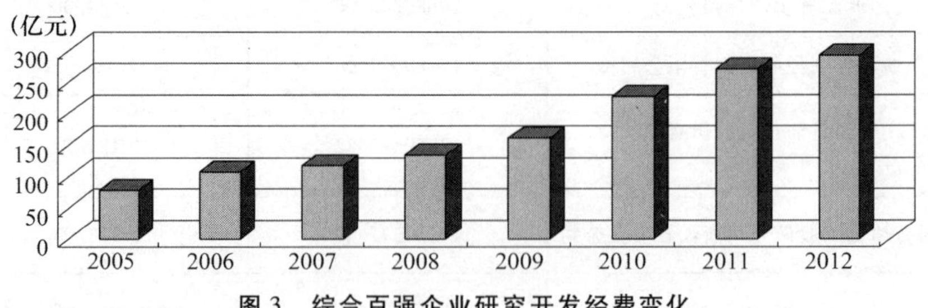

图 3　综合百强企业研究开发经费变化

表 2　　研究开发经费达到 5 亿元以上企业名单

排序	企业名称	研究开发经费（万元）
1	浙江吉利控股集团有限公司	727019.00
2	盾安控股集团有限公司	108953.00
3	超威集团	105283.00
4	万向集团公司	99536.00
5	浙江远东化纤集团有限公司	97010.00
6	杭州橡胶（集团）公司	93136.50
7	正泰集团股份有限公司	88475.00
8	人民电器集团有限公司	85440.00
9	浙江荣盛控股集团有限公司	67081.00
10	银亿集团有限公司	65300.00
11	海亮集团有限公司	62178.00
12	精功集团有限公司	55985.32
13	万丰奥特控股集团有限公司	55910.00
14	奥克斯集团有限公司	55736.00

2004—2012 年综合百强企业平均研究开发强度（研究开发经费占营业收入比例）只是在 1% 上下波动。2012 年研究开发强度在 3% 以上的企业有 7 家，研究开发强度在 2% 以上的企业有 16 家（表 3），研究开发强度在 1% 以上企业有 13 家，研究开发强度在 0.5%—1% 企业有 14 家，另 50 家企业研究开发强度在 0.5% 以下，数据反映出企业研究开发投入强度总体水平不高，企业之间创新投入差异非常明显。

表 3　　2012 年综合百强企业平均研究开发强度

排序	研究开发强度（%）	企业名称
1	5.30	万丰奥特控股集团有限公司
2	4.69	浙江吉利控股集团有限公司
3	3.27	春和集团有限公司
4	3.07	人民电器集团有限公司
5	3.05	超威集团
6	3.00	升华集团控股有限公司
7	3.00	杭州橡胶（集团）公司
8	2.97	卧龙控股集团有限公司
9	2.84	正泰集团股份有限公司
10	2.80	盾安控股集团有限公司
11	2.69	精功集团有限公司
12	2.67	浙江富春江通信集团有限公司
13	2.61	浙江大东南集团有限公司
14	2.55	华峰集团有限公司
15	2.55	杭州金鱼电器集团有限公司
16	2.55	浙江远东化纤集团有限公司
17	2.32	浙江龙盛控股有限公司
18	2.19	浙江翔盛集团有限公司
19	2.13	富通集团有限公司
20	2.10	杭州富春江冶炼有限公司
21	2.10	杭州锦江集团有限公司
22	2.02	巨化集团公司
23	2.00	银亿集团有限公司

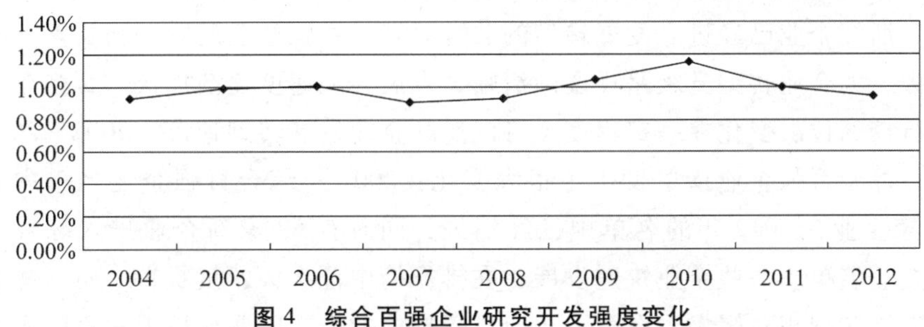

图 4　综合百强企业研究开发强度变化

近几年来，企业重视关键核心技术研究开发，授权专利数量大幅度增加，从模仿创新向自主创新转变，自主创新能力有所增强。2012 年，综合百强企业拥有专利数量达到 19469 项，其中发明专利数量为 3971 项。拥有专利数量在 300 项以上的企业为 12 家（表 4），其中吉利控股集团、龙盛控股有限公司、盾安控股集团、万向集团拥有专利数量达到 1000 项以上。

表 4　　2012 年拥有授权专利数量在 300 项以上的企业

企业名称	拥有专利总数	其中发明专利数
浙江吉利控股集团有限公司	5616	161
浙江龙盛控股有限公司	1949	1855
盾安控股集团有限公司	1456	344
万向集团公司	1230	55
奥克斯集团有限公司	895	51
正泰集团股份有限公司	775	190
万丰奥特控股集团有限公司	592	72
卧龙控股集团有限公司	506	39
德力西集团有限公司	430	25
华立集团股份有限公司	405	106
西子联合控股有限公司	337	21
三花控股集团有限公司	335	88

3. 企业配置创新要素范围扩大，发展转型速度加快。

浙江企业已经进入发展转型的关键时期，百强企业配置创新要素范围扩大，大企业转型升级路径逐渐清晰，发展转型速度逐渐加快。百强企业排行榜的位次变化在一定程度上可以反映企业发展转型速度。2002—2012年，综合百强企业榜单发生了很大变化：2002年综合百强企业名单中有59家企业在2012年的名单中已经消失，同时有59家新企业进入综合百强企业名单。一些企业快速发展，在排行榜中位次大幅度提前，而一些企业发展转型相对缓慢，在百强企业排行榜中的位次则明显后退。百强企业发展转型变化分为三种类型：持续发展型企业、快速发展型企业、发展速度减缓型企业。

（1）榜单位次保持稳定的企业——持续发展型企业。

2002—2012年，在综合百强企业榜单位次保持相对稳定的企业有：浙江省物产集团、中国石油化工镇海炼化、中国石油化工浙江石油分公司、万向集团、杭州钢铁集团、广厦控股集团、杭州娃哈哈集团7家企业持续位居综合百强企业中的前十位，表明这些企业持续发展能力比较强。

表5　2002—2012年浙江综合百强企业营业收入排名前十位企业

2002	2003	2004	2005	2006	2007	2008	2009	2010	2011	2012
浙江省物产集团	浙江省物产集团	中国石化镇海炼化	中国石化镇海炼化	中国石化镇海炼化	浙江省物产集团	浙江省物产集团	浙江省物产集团	浙江省物产集团	浙江省物产集团	浙江省物产集团
中国石化镇海炼化	中国石化镇海炼化	浙江省物产集团	浙江省物产集团	浙江省物产集团	中国石化镇海炼化	中国石化镇海炼化	中国石化镇海炼化	中国石工镇海炼化	浙江吉利控股集团	浙江吉利控股集团
中国石化浙江石油	广厦控股	杭州钢铁集团	中国石化浙江石油	中国石化浙江石油	杭州钢铁集团	杭州钢铁集团	中国塑料城	中国石化浙江石油	中国石化镇海炼化	中国石化镇海炼化
万向集团	杭州钢铁集团	广厦控股	浙江省兴合集团	浙江省兴合集团	浙江省兴合集团	万向集团	万向集团	浙江吉利控股集团	中国石化浙江石油	中国石化浙江石油
广厦控股	万向集团	万向集团	广厦控股	广厦控股	广厦控股	广厦控股	广厦控股	万向集团	万向集团	万向集团

续表

2002	2003	2004	2005	2006	2007	2008	2009	2010	2011	2012
普天东方通信集团	横店集团	UT斯达康通讯	杭州钢铁集团	杭州钢铁集团	万向集团	浙江省兴合集团	杭州钢铁集团	杭州钢铁集团	杭州钢铁集团	杭州钢铁集团
杭州钢铁集团	UT斯达康通讯	浙江移动通信	万向集团	万向集团	浙江省国际贸易集团	浙江省能源集团	杭州娃哈哈集团	广厦控股	广厦控股集团	广厦控股集团
横店集团	宁波波导股份	横店集团	雄峰控股集团	宁波金田铜业	浙江省能源集团	浙江省国际贸易集团	浙江省能源集团	杭州娃哈哈集团	海亮集团	海亮集团
杭州娃哈哈集团	杭州娃哈哈集团	雅戈尔集团股份	雅戈尔集团股份	海亮集团	宁波金田投资控股	杭州娃哈哈集团	海亮集团	绿城房地产集团	浙江恒逸集团	浙江恒逸集团
正泰集团	雅戈尔集团	正泰集团	正泰集团	普天东方通信集团	海亮集团	海亮集团	浙江省兴合集团	海亮集团	浙江省能源集团	浙江省能源集团

（2）榜单位次明显上升企业——快速发展型企业。

2002—2012 年，在综合百强企业中位次上升明显、快速发展型企业有：吉利控股集团、海亮集团、恒逸集团、荣盛控股集团、盾安控股集团、宁波金田投资控股有限公司、浙江立元金属制品集团、卧龙控股集团。发展速度加快企业所在行业主要有汽车、金属制品加工、化纤生产、环境保护、装备制造等重化工业企业。

快速发展型企业和持续发展型企业的转型速度加快，转型路径清晰。其发展转型模式主要有以下三种类型。

一是跨产业配置创新要素的能力增强。制造业企业从单一加工制造企业向技术研发、制造、服务相结合的系统供应商转变，从传统制造向智能制造和绿色制造转变。

二是技术创新与商业模式创新互动，创新产品和市场营销网络控制能力有所增强。企业重视产品设计和市场营销体系建设，从价格竞争向品牌竞争和市场渠道控制竞争转变，品牌著名度和品牌价值取得明显成效。

三是并购世界著名跨国公司，配置全球资源的能力有所增强。

2007 年以来，浙江综合百强的海外营业收入持续增长。2012 年海外营业收入达到 2531 亿元，海外资产总额达到 1099 亿元。企业海外收入和海外资产快速增长，浙江吉利控股集团有限公司通过国际并购，其海外收入占营业收入的比例达到73%，海外资产占总资产的比例达到67.33%，吉利控股集团的营业收入和资产国际化的水平已经达到欧美发达国家跨国公司的水平。

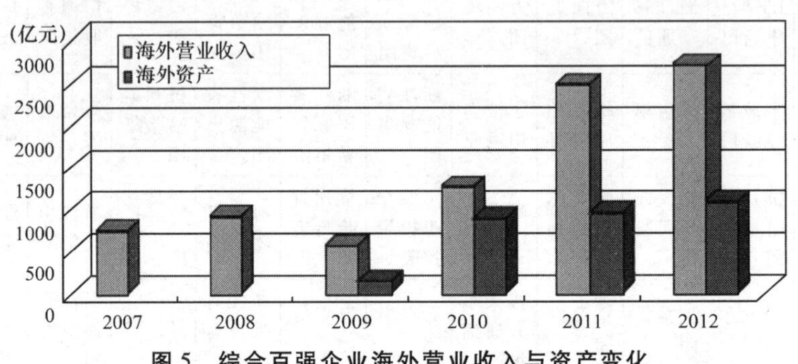

图5　综合百强企业海外营业收入与资产变化

企业配置技术、资本和自然资源的时空范围从区域向全国再向全球范围扩展，跨国并购和国际合作创新已经成为大企业快速持续发展的有效途径。

（3）榜单位次后退企业——缓慢发展型企业。

在百强企业排行中位次后退的企业有四种情况：一是企业坚持走专业化的稳定发展模式，这类企业尽管在综合百强排行榜中位次有所后退，但是发展水平和质量在持续提升，转型升级成效仍然显著。二是发展速度相对缓慢的企业。三是不再参加百强企业排序的企业。四是少数被并购或退出市场竞争的企业。

4. 百强企业产业转型加快，行业集中度有提高的趋势。

2002—2012年，综合百强企业产业分布发生明显变化，一是制造业向服务业转型速度加快，房地产和服务业企业的数量快速增加，制造业大企业数量明显减少（图6、图7）。2002年综合百强企业中制造业占82%，贸易服务业和房地产建筑业企业数量占18%。而2012年综合百强企业中制造业占60%，贸易服务业和房地产建筑业企业占40%，特别是房地产建筑等大企业数量从8家增加到21家，房地产已经成为企业产业发展转型的增长极。二是传统轻工制造业企业数量明显减少，纺织服装企业数量从11家减少到5家，造纸、家具、皮革制造等企业已经基本退出综合百强企业行列。三是2002年百强企业在制造业中化工、机械、医药、有色金属、电器、纺织服装等行业企业数量分布比较均衡，2012年百强企业中制造业企业单体规模扩大，企业数量减少，行业集中度有增强的趋势。

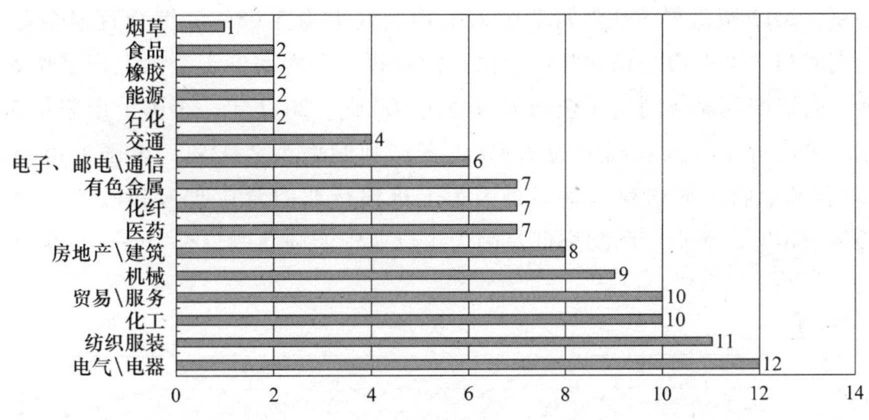

图6 2002年综合百强企业产业分布

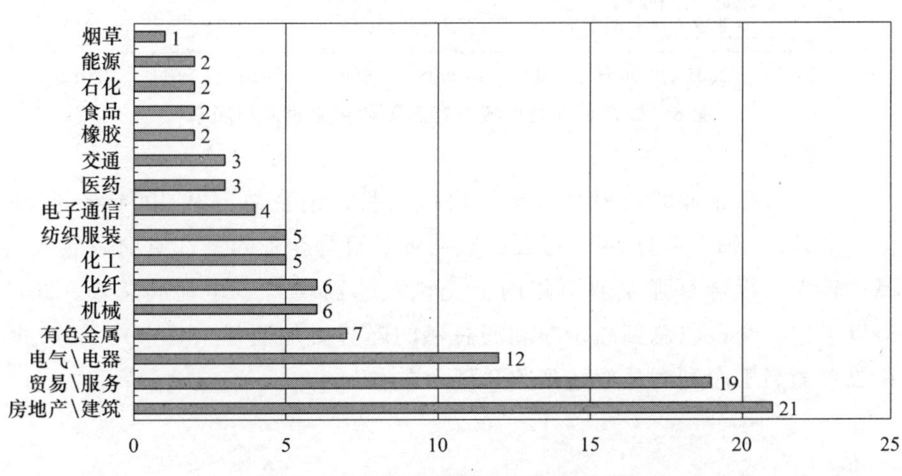

图7 2012年综合百强企业产业分布

5. 百强企业经济效益相对稳定，税收贡献显著。

综合百强企业的净利润总额从2004年的238亿元上升到2011年的964亿元，2012年净利润总额为882亿元，比2011年有所回落。2004—2012年，综合百强企业的总资产净利润率为4%—5.5%，平均营业收入净利润率为2.8%—4.5%。从利润率变化趋势看，2010年以来综合百强企业净利润率呈下降的趋势（图8），进一步提高百强企业经济效益是创新驱动和发展转型的重要任务。

浙江综合百强企业营业收入平均利润率略低于世界500强企业平均利润率，2013版世界500强营业收入平均利润率为5.08%。综合百强企业平均利润与全国上市公司500强相比，营业收入利润率低于全国上市公司500强，而资产利润率则高于全国上市公司500强。2012年，全国上市公司500强的平均营业收入利润率为8.3%，资产利润率为2.02%。全国上市公司500强营业收入平均利润率高是因为上市银行业的营业收入利润率普遍在30%—40%，而资产利润率低是因为银行业资产利润率只有1%—1.4%。

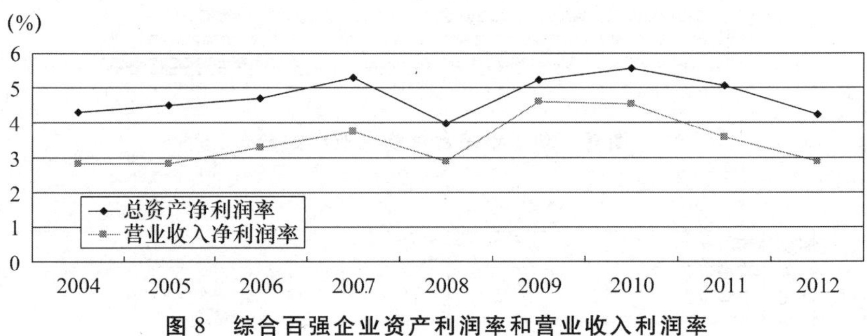

图8 综合百强企业资产利润率和营业收入利润率

综合百强企业的纳税总额持续快速增长，纳税总额从2004年的303亿元上升到2012年的1461亿元，表明浙江百强企业对浙江省财政收入贡献比较大。综合百强企业历年的上交税收总额均高于净利润总额，2011年以来，上交税收总额高于净利润总额的趋势更加明显（图9），2012年税收总额高于净利润总额达到500亿元左右。

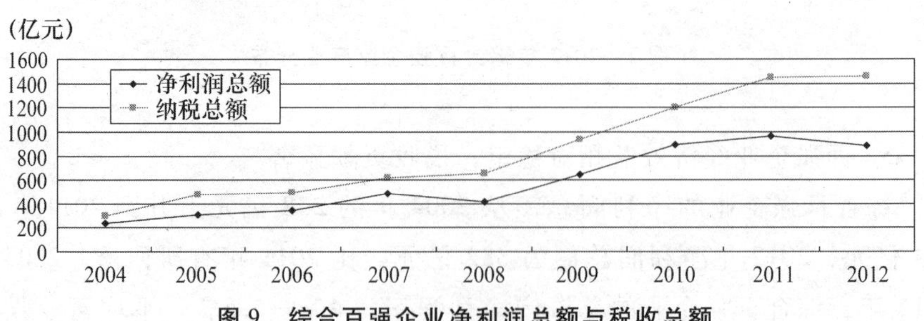

图9 综合百强企业净利润总额与税收总额

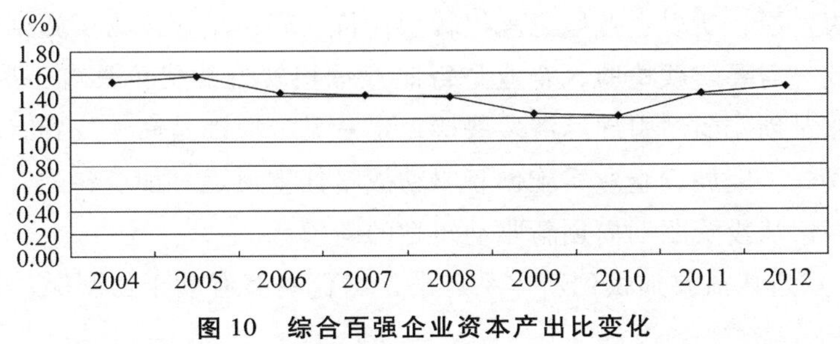

图 10 综合百强企业资本产出比变化

二 企业创新驱动，转型升级中迫切需要解决的主要问题

上述百强企业发展转型的分析表明，企业发展规模持续扩大，企业创新投入产出有所增强，企业发展转型速度加快。但是企业研究开发投入强度和经济效益总体上没有明显提升，百强企业大而不强的特点仍然非常突出。我国是资本充裕的国家，也是科技人才数量最庞大的国家，为什么丰富的民间资本和优秀人才没有明显向企业集聚？为什么企业创新投入和研究开发的强度变化不明显？非常重要的原因是科技创新财富效应不明显，创新要素配置体系不完善，创新投入产出具有不确定性，技术创新投资仍然缺乏吸引力。为了能够深入了解百强企业的创新驱动和转型升级的有关情况，我们对大中型行业龙头骨干企业在实施创新驱动战略、加快转型升级中迫切需要解决的主要问题进行了调查。目前企业创新发展中迫切需要研究解决的问题如下。

（一）迫切需要探索适应创新驱动发展的新模式

对实施创新驱动战略的必要性和可行性调查中，83%企业认为实施创新驱动发展战略，让企业进一步明确了未来发展方向，坚定了企业持续创新的信念和决心。70%企业认为从投资驱动向创新驱动转变非常必要，但是创新驱动方向准确判断和转型速度的控制更为重要，有50%企业认为目前及今后相当长的时期内企业发展仍然主要依靠投资驱动。有70%企业认为创新驱动的主体是企业，企业实施创新驱动战略的时机已经成熟。有30%企业认为创新驱动应以政府为主，并认为企业实施创新驱动的战略条件还不具备，需要寻找投资驱动与创新驱动有效结合的模式。

在对实施创新驱动战略可行性调查中，40%企业认为创新驱动能引导经济健康发展，所以企业愿意承担转型代价。30%企业认为实施创新驱动战略的效果需要实践检验，企业是否愿意承担转型的代价具有不确定性。30%企业对创新驱动引导经济发展持否定意见，原因是尚未找到有效的创新驱动模式。因此，企业实施创新驱动战略任重道远，加快转型升级中迫切需要探索从投资驱动向创新驱动转型的新模式。

（二）迫切需要加快创新体系建设，出台更多有利于创新驱动的政策工具

企业认为实施创新驱动战略仍然面临一系列问题：创新要素配制体系不完善、产学研协同创新体系不健全、创新投融资体制及科技成果转化体制不顺畅、知识产权保护和创新环境需要完善。民间资本进入创新投资动力不强，创新投资比例仍然比较低，投资自然资源开发和房地产的投资回报比创新投资更加丰厚，创新投入产出不确定，创新财富效应还不明显。

企业认为创新战略成功最主要的因素（按重要性排序）是：具有全球视野的创新型企业家、公平竞争的市场环境、具有完善的企业运行体制机制、持续稳定的研究开发投入、政府对企业创新的政策支持力度、产学研结合创新体系等。企业认为目前各级政府对企业创新支持政策比较多但是支持力度不够大，产学研协同创新和科技创新战略联盟的机制还很不完善，特别是协同创新过程中的知识产权归属和创新利益分配方面还需要探索有效的政策支持体系和办法。在对大型企业调查中，87%的企业高管认为作为决策者和执行者，对整合利用各种创新资源实现协同创新感到压力很大，但是目前有效的可操作的手段不多，迫切需要政府出台更多更好的具有可操作性的创新政策工具。

（三）迫切需要加快节约资源能源的技术创新和管理创新

浙江是资源小省、经济大省，资源短缺与低附加值产业规模扩大的矛盾日益突出，人均资源匮乏与大规模消耗资源能源保持经济增长和出口增长的问题非常突出。浙江省委省政府提出“干好一、三、五，实现四翻番”的口号。如果按照现有的依靠资源能源消耗模式发展经济，在实现四翻番的同时，资源能源消耗规模也翻番，那么浙江资源供给和资源利用方面的矛盾就会更加突出。因此，依靠大规模消耗资源能源经济发展模式已经不可持续，必须加快节约资源能源的技术创新和管理创新，提高经济

发展质量、效益和水平，经济社会才能持续健康发展。

（四）迫切需要振奋企业家的创新精神，加强创新团队和创新平台建设

创新是企业家的重要标志。创新型企业家会不断创造出新产品、开拓新市场、培育新需求、不断提升生产要素的产出效率。企业家是将资源从生产力和产出低的领域转移到生产力和产出高的领域的带头人。企业家能够对技术变化、市场变化和环境变化作出及时反应，是能够在复杂环境变化中实行生产要素重组的决策者。因此，企业家是实施创新驱动战略、加快转型升级的重要引领者。在调查中普遍认为目前突出问题是具有全球视野的创新型企业家还不够多，企业家的创新激情还不够高，迫切需要鼓励和振奋企业家的创新精神。

企业实施创新驱动战略需要对创新发展趋势进行周密分析，对创新要素进行科学配置。创新战略实施也需要技术创新、市场创新、管理创新和政策创新形成创新链的协同运作，需要各类创新团队持续辛勤地工作。调查中企业认为目前阻碍企业创新驱动发展的主要因素是：企业技术创新人才缺乏，创新团队力量还不强，创新要素和创新人才流向不合理，政府和企业的创新管理体系还很不完善，迫切需要加快创新团队建设，加强企业研究院等创新平台的建设。

三　加快企业创新驱动与转型升级的建议

（一）根据产业和企业特点，实施分类指导的创新驱动战略

我们对全国不同类型企业创新投入产出进行实证比较研究，结果表明：创新投入对不同类型企业发展转型所产生的作用存在明显差异。在企业发展初期，技术设备引进和技术改造投入对企业发展转型作用明显。随着企业发展壮大，关键核心技术的研究开发投入对企业发展转型作用明显。专利等自主知识产权投入对提高全要素生产率的效果明显，新产品研发投入对企业盈利能力的作用明显。为科学有效配置创新资源，应根据产业和企业发展特点实施分类指导的创新驱动战略和政策。

对大型制造业的行业龙头骨干企业，创新驱动战略重点是提高关键核心技术研究开发能力，在关键装备技术、关键新材料技术、关键制造技术方面增强企业自主创新竞争力。政府对行业龙头企业的支持除了享受规定的税收优惠政策以外，重点是鼓励发展企业研究院、支持重大专项研究、

支持科技领军人才引进和创新团队建设。对不具备自主创新能力的制造企业，重点是鼓励加大技术改造投入，提高加工制造的智能化和自动化水平，通过提高劳动生产率和工业增加值率，提高企业经济效益。

（二）深化创新管理体制改革，促进创新要素向企业集聚

要加快实施创新驱动战略，迫切需要建立适应创新驱动战略的创新管理体制，促进创新要素向企业集聚。创新管理体制包括建立科学合理的创新人才流动体制、创新投融资配置体制、科技成果转化体制、创新绩效评价体制、创新财富激励体制等创新支撑体系。

实施创新驱动战略，要激发企业家和全社会创新人才的积极性。大力促进高校和科研机构的成果转化，以优惠政策鼓励大学教授和教师以知识产权入股，带领研究生和本科生与企业联合发展创新型企业，鼓励企业科技人员与大学及科研机构形成协同创新团队。

积极完善科技创新资源配置的支持体系，政府在配置土地资源、税收政策和上市公司等方面要向各类创新企业倾斜。积极宣传科技创新致富为荣的理念，充分发挥人力资本红利和创新红利，培育一批亿万创新富翁，展示创新财富效应，吸引创新人才和民间资本向创新企业集聚，引导社会资源和资本投入创新领域和创新活动。

（三）按照企业自主创新需求，加快制定适应创新驱动的政策体系

加快实施创新驱动战略，应在贯彻落实高新技术企业税收优惠、企业研究开发费加计扣除、企业研发仪器设备加速折旧、政府优先采购自主创新产品等政策基础上，按照企业自主创新需求，创新政策体系需要从支持创新供给为主的政策向创新供给驱动和创新需求驱动并举的政策体系转变。

企业创新发展中面临自主创新产品开拓新市场的困难，需要政府制定创新需求驱动政策组合，帮助企业创新产品尽快进入市场，以缩短创新周期，降低创新成本。建议省政府设立50亿以上规模自主创新产品采购基金，鼓励企业、政府和教育科研机构优先采购自主创新产品，鼓励消费者购买和消费自主创新产品。

（四）推进创新驱动的产业转型升级，再创产业竞争新优势

当前新科技革命与产业革命互动发展趋势日益明显，信息技术、互联网技术、生物工程技术、新能源技术、新材料技术不断地突破，不断培育和发展新型产业和新经济增长点。新一轮的产业从传统制造业和一般服务业向以信息技术与智能制造融合的高端制造业和数字化服务业转移。有关

研究预测：今后5—10年，新技术革命和新产业革命将取得突破性发展，生产组织方式和经济发展方式将发生革命性变化，“三高一低”的传统企业和传统产业将面临大规模调整和洗牌。

浙江产业发展以传统制造业为主，工业增加值增长率长期低于全国平均水平，高技术产业发展相对滞后。产业发展迫切需要从依靠低成本低价格的产业链分工低端向以信息技术与智能制造融合的高端制造业和现代服务业转变。浙江迫切需要加强对高技术产业发展的支持力度，特别是加强对新材料产业、医药产业、信息产业及智能制造的核心技术研究开发的政策支持，提高产业劳动生产率，提高企业规模效应，再创产业竞争新优势。

（五）加快金融创新，加强金融对科技创新的支撑

加快科技创新与金融创新互动发展是实施自主创新战略的重要基础。浙江金融业比较发达，民间资本丰富，但是金融对科技创新的支撑不足，创新财富效应还不够明显。风险投资基金和科技创新基金规模偏小。民间资本转化为科技资本和产业资本的体制机制还不完善。浙江迫切需要加强金融创新，通过政策组合引导民间资本转化为科技资本和创新资本，强化科技创新的金融支撑。

（六）完善创新人才结构，加强创新型企业家队伍建设

浙江企业家队伍中，市场营销类的企业家优势比较明显，市场经营类的企业高管比例比较高，具有科技研究开发类的企业家比例比较低，这与第一代浙江民营企业家大部分从农民起家有关系。浙江多数企业家对市场需求变化敏感性比较强，市场开拓能力比较强，但是对高新技术发展的敏感性不够强。浙江要加快发展高技术产业，迫切需要加快改变企业家队伍结构，加快培养和引进科技型的企业家，积极鼓励高校教授、研究生、科技人员创办科技型企业。加强从世界范围引进科技型创新创业人才，从国内外公开竞聘科技型和创新型管理干部。

在浙江企业家队伍中，第一代创新型民营企业家群体如鲁冠球、宗庆后、徐文荣、南存辉、冯亚丽、庄启传、李如成、邱建林、姚新义、赵林中等在国内外影响力非常大，但是第二代创新型青年民营企业家群体在全国影响力还需要进一步加强，浙江迫切需要加强建设具有全球视野的创新型青年企业家队伍。

（该文于2013年被夏宝龙书记、毛光烈副省长批示）

着力提升企业市场话语权
加快推进浙江经济转型升级

经贸学院　中小企业研究院　　池仁勇

【提要】企业的市场话语权，对于加快推进经济转型升级、保持经济平稳较快发展的良好态势具有关键性作用。课题通过深入调查研究，建立数据模型和问卷调查，分析浙江产业、产品的发展态势，浙江企业市场话语权的主要制约因素，研究提出了着力提升企业话语权、推进浙江经济转型升级的思路和对策。

浙江经济转型升级起步早、举措实。早在20世纪就确立了推动经济发展从量的扩张向质的提高转变的工作主线，此后以"凤凰涅槃"的勇气、"腾笼换鸟"的举措、"浴火重生"的气魄积极推进，又提出"标本兼治、保稳促调"，坚持保增长、抓转型、重民生、促稳定，加快推进经济转型升级，保持了经济平稳较快发展的良好态势。但发展中的结构性、素质性和体制性矛盾依然存在，转变经济发展方式的任务仍十分艰巨。从产业和企业层面看，主要原因是产业层次低、产品附加值低的格局没有根本改变，低价格竞争、低水平扩张的格局没有根本改变，其根源是产品市场势力还不够强。

产品市场势力的经典定义是"高于市场平均价格以上而不失市场与盈利的能力"（Lerner，1934）。企业盈利能力和利润获取能力，取决于品牌认可度、渠道调控力、市场议价能力等，也就是企业的市场话语权。本课题通过深入调查研究，建立数据模型和问卷调查，分析浙江产业、产品的发展态势，研究提出了着力提升企业话语权、推进浙江经济转型升级的思路和对策。

一　浙江企业市场话语权的基本评价

本课题根据统计数据和问卷调查情况，对浙江工业产品的生产及其在省内主要商场、超市销售情况进行了深入分析。总体上看，浙江工业尤其是纺织服装、机械、化工等行业的工业产品具有特定的竞争力，无论是在国际市场还是国内市场都有相当高的市场占有率，但浙江企业并没有与市场份额相应的市场话语权，产品市场势力也没有呈现明显上升的态势。具体有以下几个特点。

1. 从国际市场看，浙江产品具有一定的市场势力，其中纺织服装等产品市场势力相对较强。浙江出口金额最大的两类产品是机电和纺织服装，2010 年机电出口金额为 791 亿美元，纺织服装大类出口 487 亿美元，出口目的地分别是美国、东盟、德国和日本等。采用国际通用的豪尔（HALL）模型计算得到，μ 值（出口产品价格与行业边际成本之比值）结果表明，布、服装、农业机械、仪器仪表、通用机械、基础机械、包装机械等 μ 值都大于 1，说明这些产品具有一定国际市场势力，尤其，服装 μ 值最大，达到 2 以上，具有较高国际市场势力。但是，纱锭、汽车两类产品 μ 值分别为 0.737、0.955，说明这些产品国际市场势力不足。

2. 从国内市场看，浙江产品市场势力处于中等水平，国内市场影响力有限。根据对丝绸、服装、金属制造、通用设备、专用设备、交通运输设备、电器机械与设备、仪表与文化、办公机械、革类制品、日用品、棉纺等行业的产品分析表明，它们的豪尔模型的 μ 值都在 1—1.5，说明浙江产品定位接近行业边际成本，它们市场势力处于平均水平，市场影响力、品牌认可度和渠道控制能力有限。

3. 从产品类型看，浙江消费品市场势力好于中间产品，中间产品面临十分严峻的挑战。浙江消费品在国内市场具有较好的品牌认可度，一方面是浙江企业越来越重视品牌的作用，75% 的企业拥有了自己的品牌，形成了一大批知名品牌，产品具备较好的品牌优势，如美特斯邦威、浪莎、雅戈尔、红蜻蜓等；另一方面，浙江企业掌握了较强的营销渠道能力，并且在国内市场具有较好的销售网络，在一定程度上反映了浙江企业在营销渠道与网络上的优势，为提高浙江消费品的市场势力奠定了基础。而浙江中间产品80%以上市场定位于中端客户，市场竞争十分激烈，受到国内外市场龙头企业的双重挤压，九成以上企业面临激烈的成本、价格竞争。它们缺乏营销网络，依靠直销和代销，生存空间相对狭小（图1）。

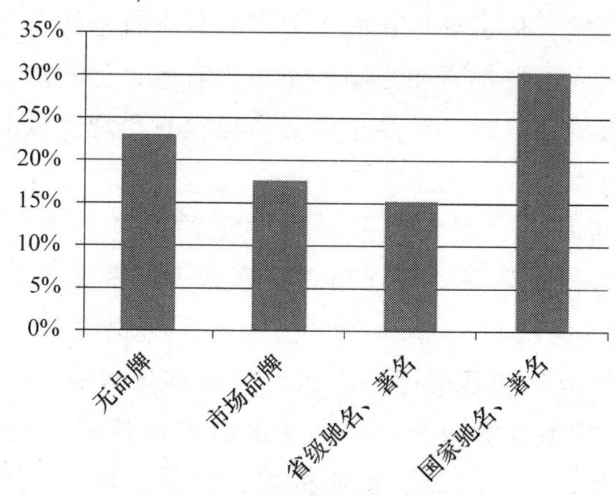

图1　浙江被调查企业的品牌情况

4. 从细分市场看，浙江产品主要面向中低端客户，客户反映良好。被调查企业的30%产品销往华东地区，纺织服装产品销往西北、东北地区的比重比较高。被调查企业反映，浙江产品主要定位中低收入区域，78%企业的产品是定位中低端客户，对高端消费市场的影响十分有限。省内高端商场销售浙江产品的份额低于广东省产品。直销、代销和专业市场是浙江产品销售主要渠道，议价能力和市场话语权有限，对消费者的引导能力不足。但是，客户和消费者对浙江产品的认可度和忠诚度比较高，90%以上企业得到客户较好评，70%左右产品得到客户高忠诚度。

5. 从省内市场看，本地商场对浙江产品反映良好，市场认可度较高。根据对浙江119家商业企业调查发现，浙江产品与兄弟省份比较具有一定的竞争优势，强于山东、江苏的产品。70%左右的商业企业认为浙江产地产品的消费者反应、品牌和质量认可度都处于较好以上水平，尤其，浙江产纺织品、服装等日用消费品具有较强的市场竞争力和市场影响力。被调查浙江商业企业反映，浙江产品的价格和质量都得到消费者认可，接近两成商场反映，浙江产地商品的竞争力体现在价格上，浙江产品价廉物美，性价比较高。不到两成商场认为，浙江产地商品的竞争力体现在营销渠道的优势上。调查结果显示，浙江产品客单价略低于商场平均客单价，说明浙江产品价格偏低，以小商品为主，定位中低端消费者，而且在区域品牌、质量等方面都逊色于广东（图2、图3）。

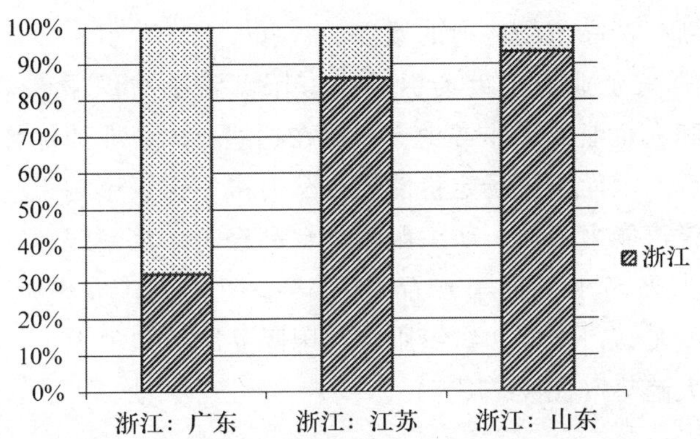

图2　本地商场浙江产品与其他省份产品竞争优势比较

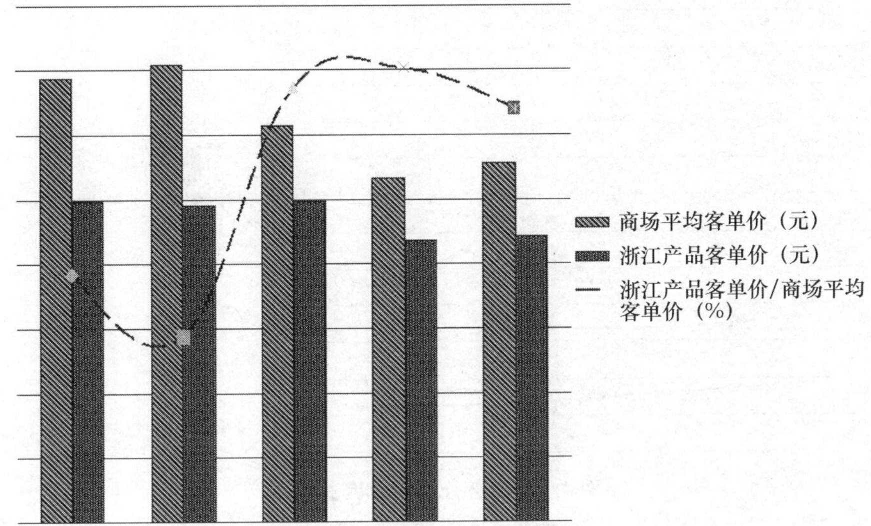

图3　本地商场浙江产品客单价与商场平均客单价比较情况

二　浙江企业市场话语权的主要制约因素

一个区域的企业市场话语权，主要由两个环节的因素决定，一个是制造企业自身，另一个是流通领域实力。从浙江实际看，两个方面的制约都明显存在，即制造业产业集中度不够高，缺少大品牌大企业，其背后是自主创新与经营模式创新不足；流通领域掌控力更弱，缺少大物流大连锁，直接影响了浙江产品市场势力的增强。

1. 大品牌大企业少，市场引导力有限。除了纺织服装等产业以外，浙江大品牌和大企业数量非常少。即使在这些有大企业的优势行业，行业集中度也很低。因而，市场定价能力十分有限，市场影响力、控制能力以及营销网络渠道能力不够。纺织服装、食品轻工、汽摩配和家电 4 个行业的产品与国内外高水平同类产品的价格差距较大，大多数产品价差在10%—20%，尤其，家电和纺织服装与国际品牌价差很大，并且定价差距有进一步扩大趋势（图 4、图 5）。

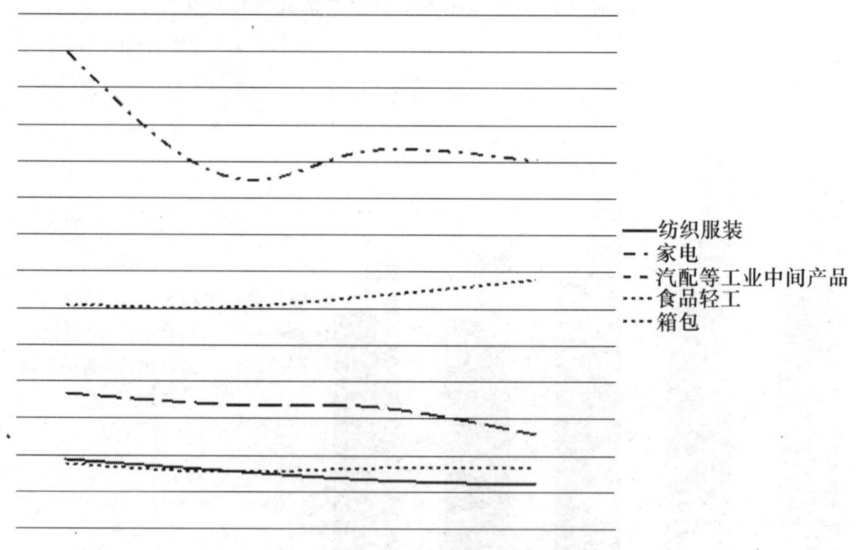

图 4　浙江各行业集中度曲线

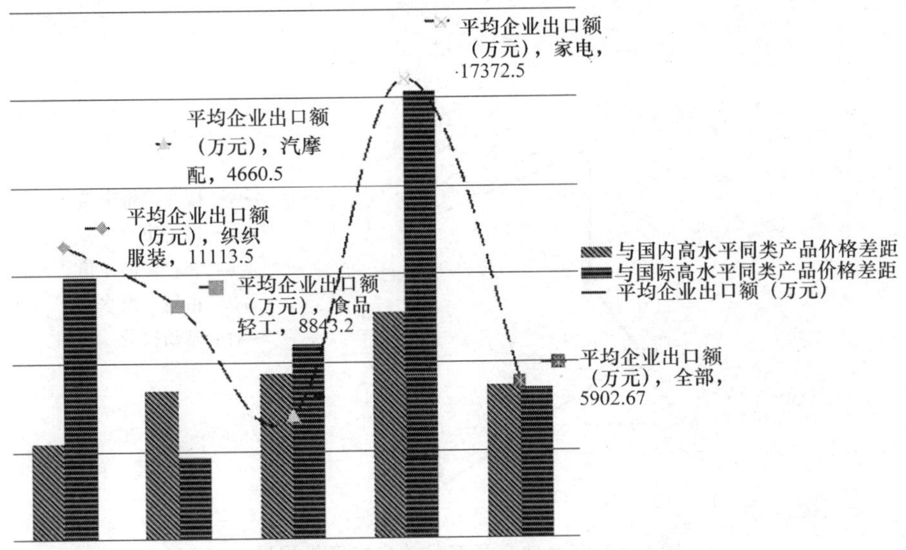

图 5　浙江产品与国内外同类产品的差距

2. 大物流大连锁少，市场影响力缺乏。浙江没有形成大物流、大采购和大连锁商家，商业流通企业对工业生产的引导作用不足，工业企业与高端流通企业的互动不够，限制了工业产品的市场定位和市场影响力。如家电行业，企业数量很多，但形成不了像美的、海尔、格力等大品牌厂商，也没有国美、华联等大连锁网络商家。因此，浙江产品对消费市场的影响力十分有限，营销对生产的引导和带动不足，绝大多数企业是被动适应市场变化，随市场变化而波动。

3. 研发营销投入少，市场把握力不强。浙江企业中贴牌加工和零部件生产比重较高，企业衍生速度较快、规模较小，单个企业难以构成对研发和设计持续性投入，更难以形成自己的营销网络和品牌。因此，浙江有一部分企业拥有自主定价权，这样的企业分布在浙江纺织服装、化工等具备市场势力中定价能力的行业内，它们以超过边际成本以上的价格销售产品，获得市场溢价带来的额外收益。但大多数企业采取客户协商定价，价格由消费者引导，为典型的市场竞争定价，这也反映出浙江工业产品的定价能力并不是很强（图 6）。很多贴牌加工企业甚至不知道自己产品最终到哪里销售、消费者层次如何、国外竞争对手情况等，只是被动地接收订单、接受产品定价。

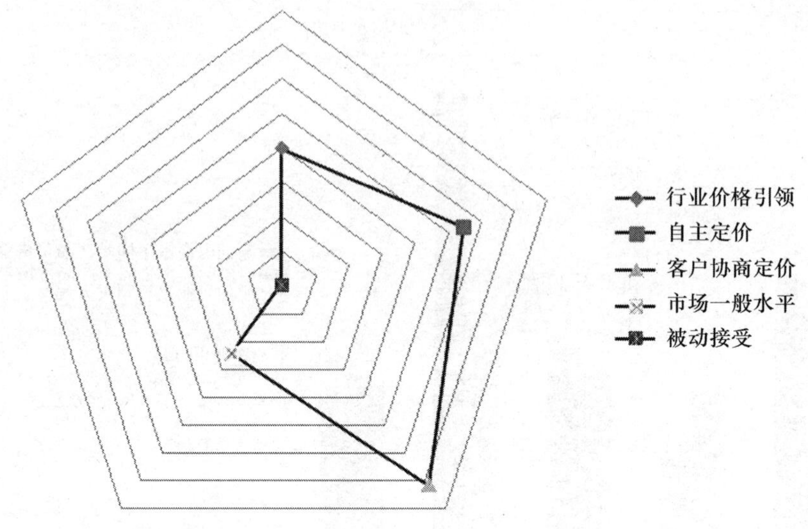

图 6　浙江企业主导产品的自主定价程度

4. 生产经营模式趋同，市场标杆能力较低。浙江工业各行业普遍进入门槛较低，没有进入壁垒。虽然在浙江各地形成了各行业的产业集聚，理论上存在规模效应，但众多的进入企业以中小企业为主，内部同质化竞争现象十分严重，行业内各企业不得不进行“价格战”以维持市场份额，行业标杆难以树立。很多地方虽然出现行业同会等组织，以规范企业竞争秩序，但是，收效十分有限。这种同质化竞争现象，大大压缩了浙江企业的市场议价能力。

三　提升浙江企业市场话语权的对策建议

提升浙江企业市场话语权，是浙江加快产业优化升级、促进经济转型升级的重要途径。要牢牢把握宏观经济形势和发展阶段变化带来的机遇，与新一代信息技术等战略性新兴产业和现代服务业发展紧密结合，着力在品牌创新、经营创新、制度创新、渠道创新和商业模式创新上下功夫，重点培育一批大企业集团、一批小型巨人企业、一批现代产业集群、一批电子商务平台，在拓展产业链、价值链中提升产品市场势力，努力形成“浙江制造”的新优势。

1. 统筹谋划“浙江制造”品牌建设，让“浙江制造”成为品质和信誉的象征。单个企业单个产品的形象，直接受国家和地区整体制造水平在市场定位中的影响。要借鉴德国制造等国际先进经验，整体上谋划“浙江制造”的品牌建设，从浙江主要优势产品起步，从地方标准制定和推广入手，引领浙江民营企业特别是具有优势的传统产业领域加强质量管理、采用更高标准、提升产品品质、使用统一标志，共创“浙江制造”品牌。分类推进“浙江制造”品牌的营销网络体系，加快建设自主渠道，提升浙江产品的市场势力。

2. 大力扶持商贸流通大企业，促进产、供、采、物、销网络化、一体化、大型化发展。近年来，浙江省一批民营物流企业得到了快速发展，但大型物流企业、大型商业采购企业和连锁企业仍然缺乏，国际性物流和销售企业更是少之甚少。因此，需要高度重视促进流通环节企业发展，扶持大型流通与连锁企业，以提升浙江产品市场势力、带动生产企业转型升级。要大力支持从事大型超市、连锁销售、大型采购与物流的企业发展，推动流通企业整合提升，加快发展现代流通方式，扩大浙江企业的全国市场的覆盖面、网络化程度，促进产、供、采、物、销向网络化、一体化、大型化方向发展，努力形成浙江产品在全国的品牌影响力、定价能力和渠道控制能力。

3. 培育和发展新型商业模式，扎实推进专业市场转型升级。电子商务已深刻影响和改变人们的生产生活，形成巨大的新市场，成为转型升级的新路径。要以“国际电子商务中心”建设为载体，提升发展电子商务大平台，加快推进网络购物，建立健全支撑体系，构建全球领先的电子商务产业链，更好地发挥电子商务对实体专业市场的改造提升作用。浙江中小企业互联网销售平台应用基础比较好，尤其是企业职工人数在100—500人的企业，互联网销售率超过20%，家具、轻工、汽摩配、服装等企业互联网销售率超过10%。要进一步发挥制造业和电子商务平台的共同优势，培育一批辐射全国消费市场的网络零售企业，建立中小企业公共性网上直销平台，推动浙江产品依托知名电子商务平台进行网上销售，推进网上市场网站品牌以及产品品牌建设，进一步提高浙江省专业网站和优势产品的知晓率和美誉度，提升销售终端影响力和产品附加值。浙江是专业市场大省，专业市场商业模式、市场定位对中小微企业经营与发展产生十分重要的作用。要转变专业市场的经营模式，加快建设物流中心、采购中心、配送中心。

4. 加快区域品牌、联盟品牌建设，不断增强浙江产业集群的市场影响力。块状经济发达是浙江的特色与优势。推动块状经济向现代产业集群转变，重中之重是要实施质量振兴和品牌带动战略，提升产业集群内企业质量和品牌意识，扶持和经营区域品牌、品牌联盟。加强企业计量、质量、标准等内部管理，不断提高产品质量和服务水平。积极探索不同块状经济区域品牌建设的路径和方式，着力将企业品牌、产品品牌升级为区域品牌，形成浓厚的区域产业文化。把区域品牌看作准公共品，地方政府投入人力物力建设，以产品、标准、企业为载体，促进企业间合作分工与抱团经营模式的形成，提高浙江品牌的市场认可度，提高浙江企业的市场议价能力和市场势力。抓好区域品牌保护，促进品牌企业自我保护，强化行政执法力度，形成打假工作合力，切实维护区域品牌形象。

5. 积极培育一批小型巨人和创新型企业，引领浙江产品创新与竞争力提升。技术创新是市场势力形成的源泉，凡是技术创新做得越好的企业和地区，它们的产品对市场引领作用就越强。英特尔、苹果、西门子、任天堂等就是典型的例子。从创新规律分析，我们不可能要求所有浙江企业都具有相同创新能力和成功实现产品创新，但是，具有一定数量的创新型企业建设，尤其一批小型巨人企业发展，是浙江产品不断取得创新、形成市场引领能力的基础。而这些企业的创新发展，特别需要有关部门强有力打击知识产权侵犯，建立规范诚信的市场竞争秩序，形成鼓励创新、保护创新的良好环境。同时，要通过建设区域科技创新服务平台，帮助广大中小企业开展研发设计、质量检测、中试、新产品开发等创新活动，促进成长型企业发展，提高新产品创新能力。

〔该文于 2012 年被李强（时任省委副书记）批示、省政府采纳〕

浙江需要打造第二个淘宝平台网络

——加快发展“闪购”电子商务模式的思考和建议

中小企业研究院　　蔡章生　应志坚

【提要】当前，移动互联网行业快速发展，使得手机作为最重要的移动终端，正在逐渐取代电脑网购的传统模式。我国有10.2亿手机用户，这将是巨大的市场和产业。“闪购”这一新模式由于其“便捷、防假、精准”的特点，打造出一种更加快速、更加便捷和更加安全的扫码购物新模式，会对人们消费习惯变革和整个社会经济的发展产生重大影响。浙江作为东部最发达省份之一，是电子商务大省，也是民营经济强省。发展创新的“闪购”商业模式基础扎实、潜力无穷。本报告对加快发展“闪购”模式提出了相应的对策建议。

浙江工业大学中国中小企业研究院副院长蔡章生、特聘研究员应志坚联合完成的调研报告《浙江需要打造第二个淘宝平台网络——加快发展“闪购”电子商务模式的思考和建议》，在调查总结“闪购”模式的新鲜经验基础上，提出了浙江省电子商务模式发展的对策建议。

近年来，移动互联网行业快速发展，越来越多的民众习惯了用手机来上网、办公、娱乐及购物。手机作为最重要的移动终端，正在逐渐取代电脑网购的传统模式。这就是通常说的“闪购”模式。消费者通过手机对商品包装或户外广告、杂志、报纸、DM单及电视等媒体商品广告上的条形码或二维码进行扫码，即可随时随地方便快捷地准确获取商品信息，完成商品订购。“闪购”也是国内最早专注扫码购物的移动电子商务网络平台，代表未来移动电商科技和产业发展新方向。我国有10.2亿手机用户，这将是巨大的市场和产业。而且通过“闪购”打造出一种更加快速、更加便捷和更加安全的扫码购物新模式，会对人们消费习惯变革和整个社会经济的发展产生重大影响。广东省及广州市两级政府就将建设“广东国际电子商务信用服务平台项目”列为广东省发改委现代产业500强项目，已安排了10亿元专项资金支持电子商务行业发展，培育和扶持“闪购”在电子商务信用服务、交易和认证服务等领域快速发展，推动传统“广货”企业与电商平台紧密合作，开拓国内外市场，带动整个产业链的快速增长。

一 在电子商务领域里将会出现第二个“淘宝平台网络”

“闪购”模式的兴起，预示着电子商务领域会新崛起第二个淘宝购物交易网络平台。淘宝用户通过电脑上网购物，节省了逛商场的成本和时间，提高了购买效率。“闪购”用户则通过手机扫码购物，直接将购买行为融入人们日常生活中，让购买效率再次大提速。

1. “闪购”模式便捷。随着人类生活节奏不断加快，购物的移动化和智能化将是必然趋势。扫码“闪购”给每个商品贴上了“二维码身份证”，忙碌中的人们可以充分利用零碎时间进行扫码购物，它甚至不用你坐在电脑面前去花时间“淘”货，随时随地看到心仪商品，都可以用手机“拍”下它直接购买，既科学又时尚，用一个二维码瞬间改变了传统购物习惯，迎合了人们变革中的消费观。目前，“珠三角”已建立了“粤港网上贸易自由行移动电商平台网络”。

2. “闪购”模式防假。“闪购”通过模式创新，让厂家与终端直接连通，生产和消费无缝对接。这就改变了以往电商活动中渠道商主导的格局，让厂家把产品直接卖到消费者手中，不会被中间环节中的制假、造伪、竞价、拼价等一系列恶性竞争破坏了企业诚信和品牌价值，可以杜绝互联网电子商务中假冒伪劣产品等弊端。没有了渠道阻隔，企业的利润提高，商品的“闪购”价也变得非常实惠，企业不必担心经营成本过高，而消费者又可以从“闪购”中得到看得见的好处。如广东开展F2C（厂家到消费者）广货绿色体验游活动和万家企业诚信联盟活动，配合广东省政、企、媒共建电子商务消费诚信体系，配合组织了中国食品企业满意榜评选活动，组建了万家食品企业诚信联盟。“闪购”对培育和壮大网络消费群体、提高产品在网购市场的占有率发挥着积极作用。

3. “闪购”模式精准。企业最怕的就是在创建自主品牌的过程中因为缺乏准确的市场调研而走错了方向，导致新产品得不到市场认可，使原本资金有限的企业发展得步履维艰。“闪购”直接搭建了厂家与消费者零距离沟通平台，企业通过消费者的扫码行为获取最可靠的市场数据，提高市场营销成功率；而消费者通过手机扫码就能买到厂家直供的价廉物美的好产品，同时满足了自己的个性化需求。“闪购”模式还通过真知码识别技术，把坐在电脑前的商家与消费者解放出来，将移动终端与传统电子商务巧妙结合，只需要在杂志、报纸、DM单或者商品上等看到附上的真知码，通过手机摄像头扫码即可实时下单，通过成熟的第三方物流，快速送达指定地点。这意味着，实现安全的见物购物和随时随地买卖商品的营销方式，是未来购物的一种习惯、一种趋势，让消费者真正享受无处不在的品质生活，从而也让产品流通走向一种无限延伸、无处不在的境地。

4. “闪购”模式前景广阔。“闪购”模式可为广大中小企业提供交易平台，拓展企业的销售渠道，扩大基地内企业的销售量、增加企业的市场占有率和利润。随着交易量不断增大，通过第三方结算，可使大量资金汇聚，形成资金洼地效应，对金融业的发展有着积极的推动作用，有效地带动和完善物流产业的发展，拉动物流企业的快速增长。

“闪购”模式自2011年以来已在国内快速推广。广东省发展最快，政府、企业、媒体配合，有计划、有步骤地向企业、公众进行诚信宣传，不断强化手机扫码诚信购物的全民意识，如《南方都市报》与“闪购”合作的纸上商城项目，让每日500多万“南报”的读者可以在看报纸的间隙轻松购买到自己所需要的产品，且品质保真。目前“闪购”软件更是累计到了8000万的下载量。广州轻工工贸集团与“闪购”进行深度品牌产品的促销合作，让超万个产品集体上线。“闪购”真知码扫码购物和扫码宣传深度结合，在各种平面广告和户外广告上应用，体现品牌集群价值，有效整合老字号产品，弘扬中华老字号，帮助老品牌崛起。由于手机用户广泛，“闪购”又有着便捷、安全、价廉等独特优势，发展“闪购”网络平台空间巨大，预测“闪购”电子商务将会成为下一个百亿级甚至千亿级的特色产业。“闪购”模式自2011年以来在广东、重庆和北京快速推广。特别是广东省，对“闪购”的发展极其重视，目前已经有数千家优质企业得到了政府的支持和指导，搭建起了“闪购”经营平台。“闪购”已作为官方唯一的移动电子商务平台，在“广货网上行”等一系列政府引导的活动中，为中小企业产品推向国内外市场，取得了较大的社会影响力和市场占有率。2012 年 6 月，“闪购”也顺利完成了移动互联网行业最大的首轮 10 亿元融资，发展潜力巨大。

二 浙江发展“闪购”电子商务的三大潜在优势

浙江作为东部最发达省份之一，是电子商务大省，也是民营经济强省。发展创新的“闪购”商业模式基础扎实、潜力无穷。

1. 浙江拥有先天良好的电子商务基础，电子商务应用的成熟度首屈一指，“闪购”发展的行业环境最佳。浙江是电子商务龙头企业的集中地，阿里巴巴、淘宝等国内最优秀的电子商务集团总部都在浙江。同时，浙江企业在经营活动中的电子商务使用率全国最高，消费者通过电子商务方式购买商品的普及率也全国领先。可以说，浙江拥有着国内做大的电商购物市场和最活跃的电商消费群体，因此在浙江发展“闪购”模式容易被企业和民众学习、接受，具有广泛群众基础，容易发挥突出作用，产生巨大效益。借助浙江手机物联网移动电子商务的特有优势，实现“闪购”购物、信息发布、安全支付、信用认证、物流配送等手机物联网移动电子商务全流程，不仅为产业链各相关单位提供了发展的新机遇，而且能有效带动当地电子、通信、金融等相关产业的发展，对促进地方经济发展作用明显。

2. 浙江省民营经济占比大，产业集群优势明显，“闪购”发展的社会经济效益最大。浙江集中了 330 多万家中小企业，拥有充满巨大活力与希望的潜在市场。中小民营企业在浙江的集群化发展特性使得区域品牌较其他地区更容易被建立起来，“闪购”模式能够迅速在集群式经济的发展规律中被复制、传播，从一个企业的运用可以快速联动到其他同行企业和同产业链企业的运用。而企业之间的互相学习、互相改进又会产生新的突破和创新，衍生出特色应用模式，更好地配合浙江集群式品牌经济的发展，从而促进浙江从制造大省向品牌大省的转型升级。

3. 浙江人商品意识强、市场化程度高。浙江民间资本充裕，商品信息与市场竞争优势显著，给“闪购”提供了良好的发展环境。工业化与信息化发展水平较高的地方，往往人民生活水平也较优越，消费市场潜力巨大。在此过程中所积累起来的政策、技术、人员和资本等各方面竞争优势，可以为“闪购”在浙江的发展提供肥沃的土壤。良好的市场环境，讲求便捷购物和真品购物的浙江人，会让“闪购”在浙江产生强大市场吸引力和推力。同样，“闪购”的发展又可以为浙江重新整合优势资源，促进浙江企业与产品转型升级，培育出独具浙江特色的可持续竞争力。

三 浙江发展“闪购”电子商务的对策建议

从某种程度上分析，“闪购”电子商务强，就是企业强、市场强。为此，加快发展“闪购”模式，应采取以下三方面措施。

1. 建立完善的政策支持体系。借鉴广东等省市支持“闪购”电子商务发展的做法（汪洋书记提出了广东要集中力量促进电子商务实现跨越式发展。“闪购”作为唯一官方合作的移动电商平台，要为广东“促消费、扩内需、调结构、稳增长”的“广货网上行”活动提供信息化支持），把“闪购”模式作为信息化发展目标来规划，从信息化与工业化相融合，产品质量与市场推广相结合的战略高度，制定出一系列扶持、激励、促进“闪购”电子商务产业发展的政策，建立起由省政府、社会、企业参与的闪购发展支持体系。特别对于一些中小微创新型企业和一些坚持走自主品牌的传统企业，应为其创造良好的发展环境。例如实施“浙江省中小企业新型闪购电子商务平台发展战略”，明确职能部门负责工作推进。对积极参与“闪购”的企业、运用“闪购”模式后效益增长突出的企业，给予一定的扶持，树立起全省“闪购”模范企业，分享成功经验。

2. 建立创新的技术人才体系。“闪购”新模式的应用，离不开一支业务水平强、思想意识创新的人才队伍。政府、社会和企业应建立起一套“闪购”技术人才创新培训系统，从移动互联网技术和移动互联网营销两方面入手，为各企业注入技术过硬的“闪购”营销人才。与此同时，引导各行业协会定期组织开展行业内“闪购”模式的应用人才培训以及经验交流会。通过互相之间的学习来不断磨炼员工的业务水平，提高整个企业的“闪购”应用效益。企业之间也可以联合开展员工“闪购”知识竞赛，培养员工的创新意识，增强员工的业务能力。

3. 建立强大的宣传推广体系。“闪购”电子商务的发展不仅需要政府和企业的参与，更需要媒体和社会大众共同配合。因此，浙江应快速建立起一个由政府参与、媒体联动、企业配合的广泛、持久的宣传推广体系。政府层面，帮助建立起“浙江省闪购真品质公众互动平台”，有关“闪购”推进进程和“闪购”模范企业的最新动态及时公布，遴选社会热点关注的诚信话题和扫码购话题与公众分享，做到宣传透明化，便于社会大众的学习和监督。媒体层面，需要通过多方活动合作进行联合推广，联结全省各地市主流媒体，建立起“纸上闪购真品购物超市”，在公共场所和交通集散地设立纸上超市，为忙碌中的市民提供便捷的购物体验。企业层面，应积极响应政府深入培育创新发展意识的号召，提高对“闪购”模式的价值认同感，全面掌握闪购模式运作方式，为己所用，创造出可持续化的经济效益。

〔该文于2012年被李强（时任省委副书记）、毛光烈（时任副省长）批示，省政府采纳〕

杭州市企业在欧美日发达经济体投资的现状、困难与对策建议

经贸学院　中小企业研究院　　陈衍泰

【提要】通过在杭州等各地针对赴海外投资的企业开展调研，调研结果发现，全球金融危机以来浙江企业大幅度加快在海外的投资步伐，在全国各省市数量位居第一（其中杭州企业位居前列）；各省市企业在海外投资过程中，经营活动也存在较大差异，且在海外东道国之间投资存在行业差异性。海外投资的目标已由单纯的市场国际化向获取全球研发技术、市场渠道和品牌等全球战略性资产逐渐拓展的趋势。从进入方式看，中国企业在欧洲通过兼并收购的方式发展最快，并呈现出“额度大、行业广、精深化”的特征。从海外经营的短期绩效看，多数浙江（杭州）企业在欧洲拓展过程中，在一定程度上取得既定的目标，但行业之间存在一定差异性。主要存在的问题和困难包括：一是由于国际化经验不足；二是中国企业在全球价值链提升过程中所需的全球化能力不足，中国企业缺乏全球经营战略和管理能力；三是中国企业缺乏称职的管理人才和专业人才；四是企业国际融资困难，等等。基于此，提出主要政策建议。

截至2012年末，杭州市累计设立各类境外投资企业（机构）838个，占全国境外投资企业总数的18%（2012年，我国境内投资者共对全球141个国家和地区的4425家境外企业进行了直接投资），其中非贸易企业254个。至2013年7月底，杭州市累计批准对外投资项目895个，其中非贸易性项目278个，总投资60.40亿美元，中方投资额58.53亿美元。对

外投资涉及行业不断拓展，农业种植、海洋工程、环保研发、产业园运营类对外投资成为新的亮点。在发达经济体投资多数集中在欧盟（德国、英国、荷兰、意大利和法国）、美国和日本等传统发达国家，在东欧等新兴国家投资增长快速。

一　杭州市企业在欧美日投资呈现的特征与趋势

从海外投资企业所处的行业看，杭州市企业在欧美日发达经济体的投资集中在机械和汽车零部件、纺织服装、日常消费品、化工材料等传统领域，电子半导体、可再生能源、健康医药和生物技术行业等新兴领域正在快速增长。

1. 投资领域正在从传统行业向新兴技术行业转型。无论从投资于欧盟二十七国的情况来看，还是从投资于美国的情况来看，尽管传统行业略多于新兴技术产业，但从事新兴产业的企业正在不断加大海外投资的步伐，特别是与海外研发活动相关的投资。近几年以来，特别是全球金融危机和欧债主权危机爆发以来，原来从事新兴产业的企业也加大了在欧洲投资的步伐，特别是电子与半导体、可再生能源、医药健康、计算机和软件企业等行业显得更为突出。杭州企业近年来在美国的投资行业分布，在以下领域正在不断加大投资步伐：电子与半导体技术、生物医药与健康技术、ICT 和软件企业、可再生能源。杭州企业在日本从事新兴技术行业的投资相对较少。

2. 进入方式正在从单一的绿地投资向海外并购（M&A）、绿地投资和海外建立经贸合作园区等多方式并存转型，其中海外并购（M&A）正越来越成为海外拓展的新模式。早期进入欧美日发达经济体的杭州企业，多数是以设立贸易代表处、信息监听站等方式为主，规模小、功能单一。伴随着浙企在国内的快速发展，越来越多的企业在发达经济体通过绿地投资（即百分百股权独资在东道国经营）开展直接投资。这个过程主要依靠自身力量和在发达经济体的领先企业、同乡、领事馆和华侨等开展合作。据国家商务部和浙江省商务厅汇总的数据库，截至 2013 年 7 月底，浙江企业在全球通过并购方式进入海外的案例累计超过 146 个（次），其中杭州企业海外并购的数量超过 45 个（次），最为显著的是萧山的万向集团，先后在美国成功并购近 10 次并有效地整合全球创新资源，极大地提高了其全球竞争力。

3. 兼并收购正向“发展快、额度大、行业广、精深化”的趋势转型。近年来，杭州企业在欧美日发达经济体的并购呈现出以下基本特征和趋势：一是在欧美日并购的交易额越来越大。近年来，杭州市在欧美日并购的势力愈加活跃，投资规模也在不断增大，如2010年浙江吉利汽车并购沃尔沃单笔交易额高达18亿美元，2011年富丽达收购项目金额达2.53亿美元。二是并购的行业愈加宽广。从早期的机械制造、零部件制造、服装等行业，已开始向通信服务、新能源和环保领域扩展。三是并购的功能向精深化方向发展。早期的并购以进入当地市场为主，杭州企业偏好于较低的收购价格，但却往往忽视被购买企业的价值。近年来，杭州市企业更加注重并购欧美日发达经济体企业的先进产业技术、全球市场渠道和全球品牌等战略性资产，以期整合全球资源实现并购战略目标。

4. 投资层面从单个项目向境外经贸合作园区转型。海外（境外）经贸合作园区，有利于带动民营企业抱团“走出去”，成为杭州市民营企业推进产业梯度转移、“走出去”集群开发的基地和摇篮。由浙江（杭州）企业牵头实施的境外经贸合作区有5家，累计实际投资5.1亿美元，引进企业99家，初步形成了海外投资的集群效应。如华立集团在泰国建设的泰国罗勇工业区，是集制造、会展、物流和商业生活区于一体的现代化综合园区，吉利控股在墨西哥建设了以吉利美日汽车公司投资为主的国际级工业经济贸易合作区。

5. 投资活动从单纯的市场国际化向加大研发投入转型。杭州企业在欧美日发达经济体海外投资不断加大研究开发（R&D）相关的投资，以求在全球价值链上攀升，且在不同东道国之间存在一定的差异。浙江（杭州）企业在欧盟开展R&D活动的数量达到76家、在美国开展R&D活动的企业为89家、在日本开展R&D活动的企业有15家。主要集中在机械和汽车零部件行业、电子半导体行业、新能源行业、化工与材料行业、日常消费品和ICT软件行业等。

二　杭州市企业在欧美日投资的绩效与机遇

1. 从海外经营的短期绩效看，多数企业在欧美日发达经济体拓展过程中，在一定程度上取得了既定的目标。在调研中，针对受访企业在欧美日发达经济体分支机构的经营指标进行询问，评价指标主要分为总体绩效、战略目标实现程度、海外销售额（增长）、海外利润率（增长）、创新产出和对母公司的贡献六类。超过 70% 接受访谈的企业表示，对其在欧洲投资的总体绩效和战略目标实现程度表示满意；超过 50% 的受访企业表示对海外销售额（增长率）表示满意；但超过半数的受访企业表示对海外利润（增长率）表示不满意。超过 80% 开展海外研发（R&D）的受访企业表示，短期内看，在欧美日发达经济体从事 R&D 相关的投资有助于公司的创新产出，并且有助于母公司长期绩效发展。这表明，多数企业在欧美日发达经济体的投资在一定程度上取得了既定的目标，但企业在欧美日发达经济体的投资战略目标不仅仅是获取短期的财务绩效，而是为了学习先进的技术和管理经验、提升品牌，中长期绩效还需要通过更长期的观察。

2. 不同行业在欧美日发达经济体投资的绩效存在一定的差异。从短期财务绩效看，多数传统劳动密集型行业保持较为稳定，但销售额和利润增长率不高，例如机械及汽车零部件、日常消费品、纺织服装、化工材料行业和从事贸易、物流运输的企业。知识密集型行业的财务绩效波动较大，例如新能源企业在 2011 年底之前受益于德国、西班牙等国的政府补贴和市场扩展而取得较好效益，但 2012 年以来由于欧盟对于相关补贴政策的调整使得浙江新能源企业面临巨大挑战。计算机软件、电子半导体和生物医药行业的企业则表示在欧美日发达经济体投资中逐渐获取了先进技术、市场渠道和品牌等战略性资产。

3. 以并购方式进入欧美日发达经济体市场的企业普遍绩效不高。调研组以 2007 年底之前浙江在欧美日发达经济体完成并购的 30 个企业为研究对象，分析并购 5—10 年之后这些在欧美日发达经济体并购后企业的经营情况，发现 83% 以上的浙企并购处于失败或问题状态之中，这个比例要远大于全球并购 2/3 的失败率。其中，在德国 2007 年底完成并购的 10 家企业中，截至 2013 年 7 月底，仅有 2—3 家存活且取得一定的财务和战略绩效。另外有数家企业仅能维持生存状态，主要依靠中国母公司的资金输入和国内特定竞争优势维持，而母公司则主要期望进一步整合以达到预期的战略性目标。并购绩效不高的原因主要在于：2007 年底之前完成的欧美日发达经济体并购企业中，主要选择的并购对象是处于财务困境的企业和品牌，且多数是在欧美日发达经济体企业失去竞争优势的产业，如纺织、机械等，并购价格较低。并购投资使得一些濒临倒闭的欧美日发达经济体企业获得新生或将其亏损业务剥离出去，并解决了当地员工的部分就业问题，但浙江、杭州的企业母公司支付了较高的技术溢价。因此，对于海外并购，今后要更多地考虑并购战略及技术溢价评估、并购双方之间的协同效应、跨文化的协调和有效管理机制等的影响因素。

4. 全球金融危机和欧债主权危机对杭州市企业在欧美日发达经济体发展的绩效产生短期的冲击，机遇与挑战并存。一方面，全球金融危机对欧美日发达经济体各国的购买力、就业等产生了一定的负面影响，加剧了欧美日发达经济体中小企业经营和财务困难。对杭州企业中长期投资而言，既有机遇又有挑战。机遇主要包括：欧美日发达经济体中小企业资产相对贬值，这有利于企业择机进入投资或者并购；欧美日发达经济体各国为了解决就业问题、推动经济复苏，逐渐改变了对中国投资者的消极和抵触，展示出主动欢迎的态度，有助于形成良好的宏观舆论环境。挑战主要包括：欧美日发达经济体购买力的下降带来的当地市场萎缩、欧美日发达经济体企业纷纷压缩研发费用，将不利于杭州企业在欧洲短期投资目标的实现。另一方面，欧债危机加剧了欧美日发达经济体内部的经济衰退，除了这些国家失业率增高带来的购买力下降之外，当地的企业面临着更大的发展问题。这对于企业在欧洲发展有着短期的负面影响。但如果能够在欧洲的一些新型产业或中国技术、资源等落后的产业进行投资，这正是杭州企业“走出去”的机会，也有利于欧洲各国摆脱当前的债务危机；同时，良好的管理和运营也有利于企业在未来取得潜在的中长期绩效。

三　杭州市企业在欧美日投资面临的问题与困难

1. 信息服务方面，政府有关“走出去”的信息服务滞后，海外领事馆相关力量不足。目前，中央和地方各级政府的信息提供平台分散在不同部门，缺乏系统性和全面性，部分信息的时效性和针对性方面达不到企业的要求；同时，政府针对“走出去”的信息提供渠道不通畅，对已有信息平台的宣传不够，许多被调研的杭州企业并不知晓如何获得有关信息。另外，从国家角度来看，我国驻外使领馆的商务参赞配备力量不足，省市一级在欧美日主要发达经济体设立经济代表机构鲜有，难以对境外企业生存状况有所了解，更难为在发达经济体投资的企业提供周到细致的服务。

2. 发展环境方面，由于中国与欧美日发达经济体的法律框架和经济体制差异、中西文化壁垒和思维行为方式差异使杭州企业短时间内难以适应。一方面，初次到欧美日发达经济体投资的企业面临着一系列新环境下法律框架和经济体制差异带来的挑战。面临着陌生的公司法、税务法、劳工法、竞争法和知识产权保护环境等，不同于国内的会计准则、福利制度和金融监管体系，使得国际化经营不足的企业在短期内难以适应。另一方面，中西方文化、思维和行为方式的差异性，使得企业在欧美日发达经济体本地化过程中，短时间内难以实现融合，特别是在一定程度上影响了海外并购整合过程中的效率。但上述适应性困难，将会伴随着时间推移和经验积累而减少。

3. 企业能力方面，在全球价值链提升过程中所需的全球化能力不足，企业缺乏全球经营战略、国际化运作和管理能力。一是全球化视野不够宽广、全球经营战略尚需提升，多数在欧美日发达经济体投资的企业还是具有较为强烈的“中国特色”意识，较少将自己视为“发达经济体企业”，而是认为自己是“中国企业在发达经济体的代表处”，缺乏从全球性企业的视角来思考中长期发展战略，缺乏适合自己的全球化战略和经营模式。二是在欧美日发达经济体的企业普遍缺乏对国际化运作模式的设计，较少将全球布局和运营战略相连接，也缺少对全球组织流程和运作模式的系统思考。三是企业国际化的能力不足，85%的受访企业表示，本企业在全球学习和技术创新、本地化和全球营销网络构建、品牌建设、全球服务、管理全球人才等方面的能力严重不足。

4. 人才培养方面，缺少优秀的管理人才和专业人才。90%受访的企业表示，缺乏在国际平台上具有有效运营能力的管理团队。一方面，由母国派出的管理人员往往缺乏在欧美日发达经济体的经历，且对于全球运作的经验也相对缺失。另一方面，在欧美日发达经济体招聘当地的员工或在当地留学之后发展较优秀的中国海外人才，双方的信任难以建立，并且管理风格的差异性也难以在短期内克服。针对技术人才，多数企业由于在本地发展相对时间短、风险较大，难以吸引高质量的专门人才；另外，由于企业往往重视低成本战略，支付工资报酬较低，也很难吸引优秀的海外人才。

5. 金融服务方面，在欧美日发达经济体国际化过程中融资困难。杭州市企业在欧美日发达经济体投资过程中，还出现国际融资困难等问题。主要原因归结如下：一是境内信贷支持少，国内政策性金融机构由于资金补充渠道单一、贷款规模偏小、以服务大型企业和国有企业为主，不能满足企业对外投资的长期稳定资金需求；二是境外信贷支持难，不仅国内商业银行在发达经济体设立的离岸银行业务量小、金融工具品种单一导致无法满足企业“走出去”需求；由于缺乏信用记录等原因，东道国银行无法给在其地投资的企业贷款；三是支持企业“走出去”的股权投资形式较少，目前仅有少数“国字头”的机构如中投公司、中非发展基金，支持的对象少、要求门槛高，难以满足广大杭州中小型民营企业需求面广的要求；四是境外投资政策性保险机制不健全，目前承担海外投资的保险机构非常有限，政策宣传不到位，保险覆盖率低，多数民营企业不能获得境外投资的保险。

6. 社会服务方面，与“走出去”有关的国内和国际中介组织建设滞后，也是造成杭州市企业“走出去”难的一个重要因素。一是行业协会商会运行机制不健全，跟不上企业“走出去”的服务要求，没有形成针对“走出去”企业境内联动与合作的有效机制，在促进境内母公司交流协作方面作用发挥不够。二是境外行业协会稀缺，难以做到整合“走出去”企业的优势、规范企业“走出去”后的行为和加强在发达经济体之间的联动。三是有关中介机构建设滞后，对服务于杭州企业“走出去”相关的法律、咨询、评估、验资等服务明显不足。

四 促进杭州市企业在欧美日发达经济体投资的对策建议

1. 加大推动杭州市企业在欧美日发达经济体进行获取战略性资产的投资行为，抢占全球价值链高端。首先，杭州企业赴发达地区投资应注重两种资源和两个市场的结合。把发达国家的先进技术资源与杭州相对较低廉的人力资源相结合，和中国广大市场相结合。其次，加大扶持力度，推动企业在欧美日发达经济体开展研发（R&D）、设计、提供全球高端服务和建设全球知名品牌，以获取全球战略性资产。对于在海外设立研发中心、并购海外研发机构或与全球知名研发机构合作研发的企业进行资金扶持，如果产生了全球专利并进行商业化的企业，进一步提供后续资金支持。对于获得全球知名品牌的行业内“隐形冠军”也应进行重点资金、税收和政府采购的扶持。因此，建议进一步针对已经“走出去”到欧美日发达经济体的企业进一步跟踪和摸底工作，探析其潜在的增长空间，并出台相应重点扶持政策。最后，赴发达国家投资要在增量上做文章。任意将并购企业现有产能转移，将受到当地政府和工会的强烈抵制。到海外投资的杭州企业，特别是并购发达国家的杭州企业，要学会全球管理，让东道国经理人和技术专家来管理，避免“将并购的外国企业，变成中国管理式的企业”，尽量保持其原有管理模式和技术开发模式，实现中国企业到发达国家投资的初衷：实现全球学习和全球管理。

2. 尽快建立和完善支持杭州市企业海外投资的融资渠道和风险预警体系，扶持民营企业全球拓展。一是在金融解决渠道上，要将目光放在国家层面金融资源上。首先是政策性银行如国家开发银行、中国进出口银行。下一步应研究利用国家级投资基金，如中投等。二是借助 2012 年 7 月出台的《关于鼓励和引导民营企业积极开展境外投资的实施意见》，完善民企境外投资的资金审批体制，积极推进形成我市民间资本参与国际合作竞争的新优势。三是建立杭州企业海外投资的风险预警系统，简化担保程序，降低担保门槛，鼓励和放活杭州企业、杭州联合银行等对外担保的自主决策。四是鼓励保险公司进行保险产品创新，为杭州企业到欧美日发达经济体投资提供良好的风险保障，可以考虑香港地区保险业发达的优势，与香港投资推广署与贸易发展局合作打造“杭州—香港海外投资融资绿色通道”，让杭州企业共同享受香港地区保险机构分行业、分产品的差异化的保险产品。五是地方政府应该将境外并购企业后“引进来”，作为下一步利用外资、“以民引外”的重中之重。

3. 着力协助企业解决全球化过程中所面临的能力不足问题，提升国际化主体的内生参与能力。针对已进行海外投资和即将在欧美日发达经济体投资的企业，着力协助提升国际化的战略思维、全球学习和技术创新、管理全球人才等方面的能力，提供企业国际化过程必需的培训、信息和咨询等公共服务。一是可以借鉴江苏省对投资欧洲企业的培训做法，通过在欧洲和全球主要大国设立政府驻外代表处、联合省市工商联、贸促会、领域内知名大学和研究机构、商会组织和中介机构等，组织杭州市企业到欧美日和目标城市参观、现场进修学习、组织研讨会、投资洽谈会和培训等，协助企业解决在国际化之前和国际化融合阶段中出现的全球化能力不足问题。二是人才方面，对即将“走出去”的企业高级管理人才进行相应的跨文化技能培训。借助国家和省“千人计划”机会，鼓励海外高层次人才到中国海外投资的企业工作，出资招聘并培育一批熟悉外国市场运作规则、了解外国客户需求、拥有全球运营经验又熟悉本土母公司文化的高端国际经营管理人才和管理团队。三是组织具有国际视野和经验的法律、技术专家对杭州市企业国际化进行必要的咨询、辅导和跟踪扶持。四是加大政府采购，通过政府采购其国内产品等方式，为进行国际化企业提供良好的后盾保障。

4. 建议在海外建立商贸和对外投资服务联络机构，为杭州市企业“走出去”和“引进来”提供更好的服务。借鉴新加坡和江苏省的做法：新加坡政府在 2000 年左右为了促进新加坡企业的对外直接投资，以及促使新加坡成为在亚洲经营的跨国公司的地区总部，为此新加坡专门成立了 3 家机构，即新加坡国际企业发展局、经济发展局和新加坡标准、生产力与创新局，并在主要目标国家设立分支机构。为了更好地促进江苏企业在发达经济体投资和加大吸引跨国公司到江苏落户，江苏省早在 2006 年即成立了“江苏省政府驻欧洲经贸代表处”“江苏省政府驻美国经贸代表处”等，一方面在江苏企业投资集中的欧美日发达经济体设立办事机构；另一方面也鼓励所辖市苏州、无锡、常州、扬州等派出专人，为海外投资的企业更好地服务，以弥补驻外使领馆商务人员不足的缺陷。

5. 逐步建立境外行业协会和商会机构，推动企业之间的相互联系和交流，维护杭州市企业在对外经贸合作中的合法权益。充分发挥工商联、贸促会、国际商会、行业协会等机构的影响力和号召力，加强对境外投资企业的服务，为“走出去”企业提供综合和高效服务。一方面，在境内建立联席会议制度，每个月或双月进行联系和沟通；另一方面，鼓励企业在境外组建不同区域、不同市场、不同产业的联合会或商会，建立行业自律机制，增强杭州企业在海外投资的整体实力和竞争力。

调研组成员：浙江工业大学陈衍泰教授，杭州市公共政策研究中心范海霞，浙江工业大学谢洪明教授、池仁勇教授

（该文于 2013 年被张鸿铭市长批示、市政府采纳）

创业生态系统构建的国内外经验启示

艺术学院　中小企业研究院
陈侃翔　刘淑春　程宣梅　池仁勇　林汉川

【提要】信息经济时代，大数据、智能制造、移动互联和云计算技术的应用使产业经济形态和模式持续创新与变化。成熟的创业生态系统，对浙江省抢占新一轮经济发展制高点、培育创新创业企业具有重要支撑。借鉴国内外创业创新生态系统构建的经验，我们提出，浙江省政府在构建和完善良好的创业生态系统时，可从系统、制度、网络和文化四个方面入手，即构建并完善“区域核心链”式的创业生态系统，增强系统的自组织功能，促进创业要素集聚和自由流动，“内孵”和“外引”持续推动系统的创新产出，从而加速浙江的产业升级和经济转型。

创业生态系统是孕育创业创新的“土壤”“雨水”和“阳光”，它的构建对激活万众创业活力、推动创新驱动发展是极其重要的支撑。李强省长明确指出，要着力打造政务生态系统、产业生态系统、创业生态系统和自然生态系统“四大生态系统”，创业生态系统是重中之重。充分借鉴国内外创业生态系统构建经验，加快构建浙江省创业生态系统，不仅紧迫也至关重要。

一　他山之石

纵观国内外成熟的创业生态系统，都有以下几个特点。

（一）系统化的集成

创业创新要素集聚效应显著。美国硅谷形成了由大学与科研机构、风险资本机构、综合服务机构、人才库、创业精神和创业板市场构成的创业创新生态系统；巴黎大区创新中心将区域内的大学、科研中心、大型集团和中小型工业企业有机地整合在一起，形成有效互补的创新生态系统；北京中关村也形成了包括领军企业、高校和科研机构、人才、科技资本、创业服务体系、创业文化六要素构成的创业生态系统。

成熟的创业生态系统具有几个方面的特征：一是成熟的风险投资。美国硅谷集中了近1.5万个天使投资人。以色列特拉维夫集中了大量的风险投资，相当一部分属于“纯风险投资”，其中39%属于种子阶段和早期阶段的资金注入。二是创业创新繁荣，创新驱动效应显著。上海张江实施“聚焦张江”战略，园区集聚了中芯国际、辉瑞等近2000家科技型企业，科技中介服务机构56家，复旦大学等多所知名院校和研究机构以及一批国家级、省市级的公共研发机构和评测平台。三是同类型或互补型产业的集聚。澳大利亚悉尼科技园、布里斯班科技园和墨尔本 Latrob University R&D Park 等，聚集了一大批以信息技术为代表的互补产业。

（二）全方位的支撑

全方位、全过程和立体化的高质量配套支持体系，对于创业生态系统的高速运转是必要条件。包括：一是激励创业创新的法律和政策环境完备。美国硅谷为创业创新构建了技术流动、技术许可、知识产权保护法、员工流动的劳动法、保护企业商业秘密等完善的法律保障环境；深圳市实施普惠式的小额担保贷款政策，并通过创业孵化园，提供创业社保补贴、场租补贴、税费补贴、首次创业补贴、带动就业奖励等一揽子资助政策。二是创业创新基础设施齐全。芬兰 Jyvaskyla 产业生态系统，边界与行政区边界一致，系统内的能源实现了以 Rauhalhti 电厂为源头的四层级式能源梯级利用系统；丹麦卡伦堡生态工业园 Asns 电厂和卡伦堡市政两个核心企业，为园区提供公共服务和能源供应。三是创业配套服务完善。创业孵化器、创业加速器等创业孵化设施众多。北京中关村拥有联想之星、创业邦、创业家、3W 咖啡等众多创业孵化和服务机构，开展各类创业服务。加拿大达特默思市伯恩赛德工业园设置了工业效率中心，统一发布园区内物资流及企业信息，并为企业提供培训教育等综合性服务。

（三）网络化的组织

创业生态系统内部创业主体之间呈现出网络化、生态化的自组织特征。一是开放式的网络连接结构。基于大数据、云计算的创新型经济正在崛起，亚马逊的 Amazon Web Service（AWS）云服务是云计算领域的领军型企业，同时也构建了一个独特的连接“线上”和“线下”的创业生态系统。其为创业企业提供虚拟机、计算、存储、网络、快速建立商业化应用、数据管理和拓展服务等。二是创业组织呈现产业链式连接。Facebook 生态系统内的创业企业呈现出产业链式的疯狂成长。其衍生的创业公司包括：社交游戏公司 Zynga、广告公司 Wildfire、求职服务公司 BranchOut 以及商务网站 Payvment，这些企业都迅速在其生态系统中呈产业链式的扩张，相当一部分企业已经是准 IPO 级企业。三是创新要素自由流动。阿里巴巴目前是全球最大的在线电子商务企业。其通过电子商务生态系统，将金融资源、信息资源、实体制造业的商品资源、物流供应商和独立软件提供商服务资源有机融通在一个系统内。四是创新要素重组和价值创新。谷歌 Google 的创新是致力于打造一个创新的生态系统，包括谷歌、第三方创新者、广告商和用户，通过谷歌平台，共同开发出融合了谷歌功能元素的新型应有产品，并向用户测试和营销其产品。

（四）持久性的动力

一是青年创业人才集聚。硅谷、纽约、巴黎和新加坡四地的创业者平均年龄低于 35 岁，加拿大温哥华、圣地亚哥，巴西圣保罗，伦敦，以色列特拉维夫五地创业的平均年龄也仅为 36 岁。二是受到创新辐射效应影响显著。美国西雅图不仅拥有亚马逊、微软、Avalara、Zillow 等世界级企业巨头，同时，它毗邻硅谷，拥有地理位置优势，并在住房、教育、医疗、商业配套和娱乐等方面具有低生活成本的比较优势；日本筑波科技产业城，由筑波大学城为中心和外围 6 个技术园区组成。筑波大学城实施资源共享工程，设立科研机构的资讯交换中心，提供最新科研成果信息及知识产权交易等。三是形成了有型的创业创新文化。美国硅谷精神包含着广泛的包容性及其推崇创业、宽容失败、鼓励冒险的价值观，其核心是宽容失败。北京中关村经过 20 多年的积淀和传承，形成了“勇于创新、不惧风险、志在领先”的创业文化。四是创业创新培训、教育体系完善。新加坡自 20 世纪 70 年代，其经济发展局（Economic Development Board，EDB）就实施了青年海外培训计划即“职业化”创业教育。新加坡国立大学建立了“国大开创网”和国大创业中心等一批科研机构，承担国家的重点研究项目，直接服务于生产。

二　构建浙江省创业生态系统

借鉴国内外成熟经验，因地制宜构建浙江省创业生态系统。

（一）构建“区域核心链”式的创业生态系统

一是建立基于“大区域内协同”的创业生态系统。形成以“中心城市+周边县市区”为格局的大区域内协同的创业生态系统；以“专业镇区”为要素单元，在大区域内合理布局构建创业企业群落、科研院所、产业共性技术平台、人才、风险资本、创业服务机构等产业生态系统的要素模块。继续深化完善“杭州上城区基金小镇”“西湖区云计算小镇”“桐乡天使投资小镇”“富阳硅谷”“青山湖科技城”等以“专业镇区”为行政单位的创业生态系统要素模块的构建。

二是加强系统内“创新核心”要素的构建。支持企业和高校、科研院所联合组建产业技术联盟，参与国家和浙江省重大科技项目。针对电子、医药、通用设备、专用设备、电气机械、汽车、金属制品等产业领域，搭建基础材料、关键设备、核心元器件及软件工具等公共技术和产业服务平台，增强创业生态系统的自主创新能力。

三是完善以“科技加金融”为重点的全产业链式配套服务体系。在创业生态系统中引进科技金融机构和科技中介机构，重点是引进科技银行、知识产权中介机构、技术转移、天使投资人、风投公司、创投基金、信用中介机构、产权交易机构等。

（二）增强创业生态系统的自组织功能

一是建设“法制营商”环境。构建全方位、多角度、有效、协同的鼓励创新创业的政策支持体系。深化以“三张清单一张网”为抓手的网上政务改革。通过体制机制创新，健全法治建设，推进依法行政，建设“阳光、公平”的营商环境，促进创业创新要素加速集聚。

二是深化“财税政策”改革。设立“浙江省创业风险投资引导基金”，为风险投资等社会资本匹配杠杆资金。建立商业化模式运行，吸引更多社会资本参与风险投资。政府加强监管，明确“支持”和“导向”的职能，细化投资原则：投资对象、投资方式、基金运行规则，引导基金健康运行。

三是加强“科技政策”创新。重点是知识产权的保护，科技成果转化的创新政策。改革高校和科研院所的科技成果处置权管理改革、收益分配方式改革、设立科技成果转化岗等方式，加快推进高校科技成果转化和科技协同创新；提高科技服务业整体服务效率。搭建企业和中介机构间信息资源共享平台，促进信息共享、规则相容、流程对接。

（三）促进创业创新要素集聚流动

一是重点突破“六维度”的信息技术领域，促进创业创新要素的网络聚集和流动。重点加强“物联网、智慧城市、跨境电子商务、互联网金融、数字内容产业、云计算和大数据”6个信息技术领域的研发投入与应用推广。改变创业创新企业的空间（实体）集聚模式为虚拟集聚，通过互联网（虚拟）集聚创业创新企业。

二是依托“云平台”和“大数据”，建立“互通互联”开放式的创业生态系统。加快互联的基础设施的完善和升级，将互联网上的数据、信息、终端和人等创新要素有效连接起来，整合、汇聚、流通、衍生和创新信息资源。以阿里云等大数据平台为核心，建设“公共商业数据服务中心”“工业经济信息网络平台”。

三是构建和谐的“大平台+中小微网商”网络生态系统，促进创新要素的流动与重组。着重建立中小微网商促进中心，为中小微网商提供融资、法律、技术服务和政务服务等综合性服务，推动互联网产品、互联网应用服务的方式的创新。

（四）“内孵”“外引”持续推动创业孵化

一是加强引导，建立市场化的创业孵化机制。在产业集聚区建设特色创业孵化载体，鼓励平台型企业、创业投资机构、天使投资人、成功企业家等社会资本投资兴办创业孵化器。引导各类孵化机构建立市场化运行机制。完善创业项目孵化机制和优秀初创企业发掘培养机制，重点开展创业孵化、产业链孵化、早期投资、创业教育、创业社区、创业媒体等环节的创业服务业。

二是优化城市综合创业环境，降低创业成本。建设“创业社区”，提高浙江省集聚创新的人才的吸引力。提供大量高质量的公共服务，配套低成本的居住、教育、医疗、娱乐、交通、办公服务，低价甚至免费的互联网接口，实现低成本甚至零成本创业。吸引国内外优秀人才来浙江创业，特别是互联网创业。

（该文于2014年被李强省长批示、省政府采纳）

浙江民营企业跨国并购的战略机遇与风险应对

——124 宗浙江民企跨国并购案例的分析

中小企业研究院　浙江省商务厅

程宣梅　周礼　谢洪明　张曙明　张文旭

【提要】当前全球经济格局的深度调整和国内经济环境的剧烈变化为浙江民企跨国并购带来了全新的机遇和挑战。针对并购过程中出现的新情况和新问题，报告结合 124 宗浙江省民营企业跨国并购案例，通过深入相关企业访谈，对浙江民企跨国并购提出了新建议。

一　浙江民企跨国并购的新情况

浙江民企跨国并购正在形成一波新高潮，如何把握这一重大战略机遇、培育世界水平的本土跨国公司、构建未来经济发展新引擎是摆在浙江民企面前的重大课题。

1. 跨国并购呈现新特征。浙江企业海外并购的对象多为发达国家海外制造行业的廉价资产，并购主体多为发展“瓶颈”显现的成熟行业的企业，并购形式多为产业链上下游纵向控股型并购，获取和整合海外优质战略性资产意图明显。

特征一：并购规模——总体强劲、单个较小，并购对象多为海外廉价资产。近年来，浙江民营企业跨国并购涉及金额总体呈快速上升趋势。据案例分析，2005—2012 年浙江省民营企业跨国并购的新增并购金额增长了7000%以上，年均增长70.5%。相比总金额，浙江省民营企业实施的跨国并购大多数还是比较小规模的并购，整体上热衷于收购廉价资产。一方面是由于浙江民企整体上规模还较小，对运营状况良好、价格高昂的潜在收购对象望而却步；另一方面也反映了浙江省多数民营企业通过跨国并购实施全球化战略的学习和试水的心态。

特征二：并购主体——地区差异显著，成熟企业为主，企业发展“瓶颈”显现，海外扩张需求迫切。从并购企业的年限特征上看，浙江省民营企业在进行跨国并购时，成立年限主要集中在11—20年（占42.5%），6—10年、21—30年和30年以上的分别占到16.7%、15.8%和13.3%。调研发现这些国内并购重组经验，受国内市场饱和、生产要素成本不断攀升影响，企业发展遭遇天花板，迫切需要通过国际并购突破发展“瓶颈”。预计接下来若干年，随着企业的不断发展和壮大，国内资源和发展“瓶颈”的制约及后金融危机触发的并购机遇的推动，浙江省民营企业跨国并购的发展将出现新的高潮。在跨国并购主体来源地区分布上，浙江省11个地市民营企业跨国并购的发展很不均衡。并购数量上，杭州、宁波、绍兴位列前三；并购金额上，台州、杭州、绍兴位列前三。

特征三：行业区位——制造业纵向并购，集聚发达经济体，控股倾向强烈，获取和整合海外优质战略资产意图明显。从跨国并购投资的区位看，浙江省民营企业跨国并购主要集中在发达国家（美国、德国、日本分别位居前三）和地区（前三位分别为欧洲、美洲和亚洲）。从海外投资企业行业看，浙江省民营企业实施跨国并购集中在制造业，尤其是汽车及其零部件制造业，占73%左右。接下来是信息软件行业、批发和零售业。进一步分析发现，行业差异呈现了明显的地区产业集群特征。杭州民企制造业跨国并购主要集中在通用设备制造业和电气机械制造业，宁波集中在化学原料、化学制品制造业和交通运输设备制造业，绍兴则集中在纺织业。

调查发现，浙江民企倾向于沿着产业链上下游，在经济技术发达的国家和地区进行纵向并购（占总数56.47%），以获取目标企业的核心技术、品牌、国际市场网络及研发能力等优势资源，从而控制包括高附加值环节的完整产业价值链，提高产品附加值、升级价值链的内生性需求迫切。案例分析证实浙江省44%的企业跨国并购的动机是为获取目标市场，31%的企业跨国并购的目标是为获取先进技术，19%是为获得知名品牌，6%

的企业是为获取自然资源等，而几乎所有（92%）的企业都有以海外并购推进全球布局，作为企业国际化跳板的动机。并且，浙江民企在跨国并购过程中倾向于对并购企业控股。57.5%对并购企业实现了百分之百控股，20%对并购企业实现了50%以上的控股，这有利于民企对并购标的进行有效的整合，带动本土相关业务。

2. 跨国并购效益显著。不仅表现在部分企业快速获得了战略性资源，更重要的是凸显了其对于培育世界水平的本土跨国公司的战略价值，是浙江经济未来发展的新引擎。透过强劲的民企跨国并购增长趋势，并购案例调研发现，浙江民营企业的跨国并购具有显著的并购效益和重要的战略价值。

首先，民营企业通过跨国并购快速获取了品牌、技术、市场、渠道等战略性资产，为其在全球价值链的升级奠定了重要基础。吉利等民企通过跨国并购获得了目标企业的国际知名品牌的使用权，然后利用知名品牌的市场影响力、分销网络以及整合进来的生产体系，迅速增加母国企业产品在海外市场的销售量，促进海外业务量在企业总业务量比重的迅速上升；万向等民企通过跨国并购获得了先进技术、研发资源和研发团队，提升了技术水平和研发能力，取得了相应技术上的协同效应；宁波华翔等民企通过跨国并购推进了分销渠道、客户关系、供应链等方面的全球布局，并通过整合全球供应链，降低了采购成本和运营成本；卧龙等民企在并购扩张中形成了独特的“反向OEM模式”，即收购国外知名品牌，把产品转移到国内生产，再贴上所收购的品牌返销国际市场，实现了供应链升级。

更重要的是，跨国并购带动了民营企业家国际化经营理念的转变，推动了民营企业与国际惯例、国际规则的接轨，有利于打破民营企业发展“瓶颈”，是培育世界水平的本土跨国公司的必经之路，更是浙江经济未来领跑全国的新增长引擎。本土民企成长到一定阶段后，内部资源和能力难以满足企业继续成长的需求，企业发展也会陷入停滞。若要突破发展的“天花板”，民营企业必须通过外部扩张获取所需的资源和技术，以打破企业发展“瓶颈”，促进企业的进一步发展成长。通过跨国并购，民企不仅获得了海外并购的实体和相应的战略性资产，更倒逼企业转变国际化观念、思维和经营理念，强迫企业与国际惯例和国际规则接轨，快速网罗全球人才。从培育世界水平的本土跨国公司的角度看，在当前经济全球化的背景下，只有实行跨国并购，才能快速实现全球布局、全球资源配置和全球市场拓展，使企业真正成为有国际竞争力的跨国公司。通过海外并购，企业不断改进其技术水平、组织设计和管理技能，而当这些知识和技能传递到国内并扩散至本土产业集群的时候，区域产业整体层面的竞争力都将得到提升，因此跨国并购将是未来浙江经济领跑全国的新的增长引擎。

二 浙江民企跨国并购的新问题

由于民企自身条件限制，国内市场配套不到位，国际环境持续恶化等因素造成目前民企跨国并购运作和整合过程中的巨大风险。

1. 民企自身。规模、技术、人才和治理等方面的局限是抑制民企开展跨国并购和进行有效整合的巨大障碍。制度不完善，管理水平低。浙江民企大多是家族制企业，很多民企相对注重设备和技术的提升而忽略了对公司内部治理的考虑，企业缺乏良好的管理体制和监督机制。企业制度缺位，管理水平不高，影响了民营企业整体实力的发展，也制约了企业实施跨国并购的步伐。信息不对称，并购风险大。并购过程中的信息不对称往往是导致并购失败的致命风险。特别是民营企业在实施跨国并购时，要获取标的企业的准确信息更是难上加难。很多民营企业自身缺乏进行海外调研的能力，过分依赖国外中介机构，即使进行了长时间的认真调查，也只能取得“相对翔实”的信息，真正的“价值底牌”永远攥在被并购方手中。专业人才少，经营管理难。跨国并购是一项复杂的系统工程，涉及国际投资、国际金融、国际会计、国际法规和惯例以及东道国的政治法律、社会制度、文化风俗等许多领域的知识，但民营企业大都缺乏这方面的人才，以致在跨国并购过程中经常处于被动的地位。而且，并购后的整合也需要能够胜任跨国管理的管理人才。省内民营企业在成功收购国外企业后，一般都只能在国外聘请专业经理人进行管理。因为民营企业内部，很难选派通晓外语、熟悉国际惯例、有良好经营策略胆识的高级管理综合型人才。

2. 市场配套。国内中介机构、金融服务等配套的发展还远远跟不上民企跨国并购的需求增长。国内中介机构乏力。整个跨国并购的过程中，从咨询、融资到评估等都离不开中介机构的参与。但是国内中介机构无论是实力还是经验都明显欠缺，部分甚至还从未接触过跨国并购业务。目前绝大多数民企跨国并购都过度依赖于国外中介机构。这些外资中介机构虽然具有专业化资质及丰富的跨国并购经验，但本土化水平不高，无法从中国经济发展角度出发，而且也不排除国外中介机构出于本国利益的考虑，而将自身经营存在问题的企业介绍给中国民营企业。缺乏配套金融保险服务。关于跨国并购中的贷款融资、投资保险、信用担保等重要环节，国内相关的配套金融机构还很缺乏，服务效率普遍较低。在贷款融资方面，要受国内贷款担保额度的限制，特别是外币贷款不仅要受国内贷款额度的限制，还要受特定外汇额度的限制。这在很大程度上限制了民营企业的融资能力，无法为境外并购项目提供强有力的资金支持。并且，跨国并购比国内并购面临更多的不确定性，需要建立境外投资保证制度来协助企业规避风险。但国内的境外投资保险尚处于试验阶段，难以满足民营企业跨国并购的需求。

3. 国际环境。廉价并购资产的经营困境和不断恶化的国际经济环境对民企跨国并购后的整合提出了严峻挑战。国际经济环境的不断恶化，海外市场的不断萎缩，汇率市场的剧烈波动，对于并购企业的海外经营本身就是一个巨大的挑战。而与国际上第五次跨国并购潮“强强联合”的主流不同，浙江民企的跨国并购对象常常是陷入经营困境的廉价企业。由于民企发展水平相对较为落后，其所急需的战略资产也带有一定特殊性，比如在发达国家已经落后但却在国内十分稀缺的技术专利等。另外就是壳公司。由于在国内上市比较困难，民企也倾向于通过跨国并购借壳上市。比如万向集团通过收购美国UAI公司，间接获取了上市融资能力。

尽管金融危机令许多西方企业资产大幅贬值，但金融危机本身是一个很好的淘汰机制，市场竞争作为一个优胜劣汰的过程，那些经不起金融危机考验的企业，很可能是基本面上出现了问题，或者由于不能适应后金融危机时代的竞争环境，本身已面临衰亡的命运。此外，如果经营管理水平更高的西方发达国家企业都难以整合，民营企业要想带其走出经营困境，其难度无疑是更加巨大。

4. 政策制度。民营企业对于政府在支持政策和监管制度进一步扶持民企跨国并购有着强烈诉求。审批程序相对复杂。虽然国家对民营企业跨国并购的审批较以前有所放松，审批权也不断下放，但调研中企业普遍反映目前的审批规定对于民企跨国并购上市融资、市场准入、外汇管理等方面仍然存在较大的限制，审批程序持续时间较长。这些政策在很大程度上限制了民营企业跨国并购的步伐。特别是在上市融资和外汇管理等方面的歧视性规定，成为民营企业跨国并购之路上的阻碍。支持政策不完善。调研过程中很多并购企业对于政府政策层面出台相应的税收优惠政策、海外并购企业回归的落地支持、土地支持等政策有着强烈的诉求。提出希望政府能给予跨国并购企业与引进的外资企业相同的税收优惠政策，在企业并购后，支持企业将并购海外企业在本土落地，在土地政策等方面支持企业将海外研发基地、生产基地等移到本土，帮助企业降低生产成本，有效整合全球供应链。

三　浙江民企跨国并购的新建议

政府政策支持对于民企跨国并购的运作和整合具有重要的制度影响力。如何进一步推动浙江民企跨国并购的发展，培育世界水平的本土跨国公司，支持民企在全球整合资源并反哺浙江、回归浙江是当前的政策重点。

1. 加强并购专题研究，形成学习共享机制。民企毫无疑问是国际跨国并购市场竞争中的新玩家，传统跨国并购理论和方法常常难以指导当前的并购实践，政府在指导和管理民企跨国并购活动时也面临巨大的挑战。项目建议由主管部门牵头，协同相关学术研究机构开展专题民企跨国并购研究，加强对国外发达国家跨国并购经验的系统梳理，开展对典型民企跨国并购的跟踪研究，不断完善和更新国外不同地区的投资环境及产业匹配等信息，不断总结发现企业跨国并购过程中出现的新问题和新情况，为政府决策和企业实践提供有益参考。同时为避免民企在跨国并购实践过程中由于缺乏经验而频频碰壁，建议构建企业间并购经验交流和分享平台，设立促进并购企业经验交流的激励机制，加强并购企业团队和专业管理人才的定期和不定期地学习和培训，进一步形成企业间知识或经验共享的机制。

2. 大力发展中介服务，健全社会化服务机制。浙江省金融办于 2007 年开始对在浙江开展 IPO、再融资和上市公司重组并购等业务的中介机构进行信誉评价，并对部分优秀中介机构进行表彰。虽然浙江非常注重为上市企业打造优质中介服务体系，但鲜有省内机构提供专业的跨国并购中介服务。省内企业跨国并购过程中，往往只能依赖于国外中介机构。因此，要大力发展和完善跨国并购相关的本土中介服务，为企业境外投资提供资信调查、信用评级、行业风险分析、国别信息信用管理咨询与培训等服务。培育面向企业境外投资和跨国经营的社会化服务机构，鼓励服务机构

“走出去”设立境外服务站点，加强信息、法律、维权等境外服务。

3. 扶持民营企业组建集团，推进跨国并购，培育世界级跨国公司。浙江以中小企业为主，比较缺乏能带动中小企业“走出去”的领军企业。建议浙江在有跨国经营需求并具备很强规模实力的本土企业中选择一批企业予以重点扶持，引导企业加快制订实施品牌、资本、市场、人才、技术国际化战略和跨国经营发展计划，加强对跨国经营的领军企业的培育，重点联系和大力支持，实施发展领军型民营企业跨国公司的激励政策，支持金融、保险、中介服务机构等各类企业通过契约、协议等形式结成风险共担的跨国并购联合体或战略联盟，组建集团公司推进跨国并购，增强规模优势，共同开发市场，培育世界水平的本土跨国公司。

4. 支持被并购企业回归浙江、反哺浙江，支持企业在全球整合资源，构建新的价值链。政府努力搭建回归发展平台，出台系列政策支持和鼓励跨国并购企业回归浙江、反哺浙江。建议省政府依托产业集聚区和各类国家级、省级经济开发区（园区）以及青山湖科技城、未来科技城等平台，主动引回一批拥有国际品牌、掌握核心技术的企业回归投资高端制造业、战略性新兴产业和现代服务业，发展集“研发设计、运营管理、集成制造、营销服务”为一体的总部经济，进而推动浙江企业转型升级和产业整体价值链的提升。给予跨国并购企业与引进的外资企业相同的优惠政策，支持企业将并购海外企业在本土落地，有效整合全球资源，在全球重构企业的价值链，不断培育新的利润来源以及成长、发展空间。

〔该文于2013年被毛光烈（时任副省长）批示、浙江省政府采纳〕

浙江省大力培养企业科学家的对策思路研究

全球浙商发展研究院　　方阳春

【提要】为了落实浙江省创新驱动发展战略、科教人才强省战略，省委、省政府非常重视企业科学家队伍建设，取得显著成效，但是，企业科学家缺乏仍旧成为制约浙江省企业创新和转型升级的“瓶颈”，企业科学家培养的模式和机制有待改善。为了大力培养企业科学家，必须建立系统科学的企业科学家培养和评价标准，充分发挥企业的主体作用，引导并支持产学研携手培养企业科学家，加大引进力度，促进浙籍企业科学家回归，促进企业科学家团队建设和块状集聚，加强企业科学家的平台建设，促进科技和人才服务产业发展。

企业科学家特指创新型工程科技人才。企业科学家是工程科技人才的翘楚，是科技创新的中坚。企业科学家的提法突出了企业作为创新主体的地位。但是，企业科学家缺乏成为制约浙江省企业创新和转型升级的“瓶颈”。为了落实浙江省创新驱动发展战略、科教人才强省战略，必须大力培养企业科学家。

一　浙江省企业科学家队伍建设现状

习近平主席在2014年国际工程科技大会上强调，工程科技是改变世界的重要力量，工程科技人才队伍是中国开创未来最可宝贵的资源。突破企业科学家缺乏这一制约企业转型升级的“瓶颈”，将对浙江省创新驱动发展战略和“两富”现代化“浙江梦”的圆满实现具有十分重要的现实意义和深远的历史影响。

（一）省委、省政府非常重视企业科学家队伍建设

为了加快人才强省、科技强省和创新型省份建设，省委、省政府一直非常重视浙江省企业科学家人才队伍建设。

2014 年 4 月 25 日，夏宝龙书记在杭州调研创新驱动发展工作时强调，科技创新是加快转型升级的关键。要盯住领军人才，广开进贤之路，广纳天下英才，培养引进急需人才，用好留住各类人才，为创新驱动、转型发展提供强有力的人才支撑。

2014 年 4 月 29 日，李强省长在省科学技术奖励大会上指出，科技创新工作要在构建产学研结合的创新体系上实现新突破，大力推动高校院所与企业紧密合作，搭建产学研战略联盟。要在优化科技创新环境上实现新突破，形成和落实党委领导、政府负责、全社会参与的工作格局，加快创新型省份建设。

毛光烈副省长在《行政管理改革》2013 年第 2 期撰文《顺应科技革命与产业变革潮流，加快工业大省向工业强省转变》指出，创新驱动发展要解决经济和科技“两张皮”的问题，以先进装备制造为主攻方向，抓省级重点企业研究院建设，设立产业重大技术联合攻关专项计划。同时，积极支持省级重点企业研究院引进人才，实施青年科学家培养计划。

（二）浙江省企业科学家队伍建设取得显著成效

近年来，浙江省相继出台并积极实施了新世纪 151 人才工程、百千万科技创新人才工程、海外高层次人才引进计划、海鸥计划、重点创新团队建设办法、企业研究院建设与管理办法和青年科学家培养计划等政策和措施，科技人才队伍建设取得了显著成效。2012 年科技活动人数为 610314 人，比上年增长 8.91%，R&D 活动人员为 278110 人，比上年增长 9.63%，规模以上工业企业 R&D 人员为 228618 人，比上年增加 12.12%。2013 年国内专利申请量为 294014 件，比上年增加 17.9%，国内专利授权量为 202350 件，比上年增加 7.37%。

二　浙江省企业科学家队伍建设存在的主要问题

（一）企业科学家总量和增长速度亟待提升

1. “标兵渐远、追兵渐近”，培养任务非常紧迫。浙江省在科技活动人数和 R&D 活动人员的数量方面，与广东、江苏差距明显，山东与浙江

省非常接近，大有赶超之势。

2. 浙籍企业科学家流失严重，需求旺盛，缺口大。目前，浙江省企业最缺乏的是研发人才，尤其缺乏像中国科学院院士、工程院院士、国家千人计划等高层次人才。中国工程院有浙籍院士70位，仅有15人在浙工作。浙江亟须众多企业科学家加盟。

3. 浙江R&D投入和科技成果存在着较大差距。2012年浙江规模以上工业企业R&D经费只占广东的54.5%、江苏的54.6%。

4. 技术市场尚处于发育阶段，与经济大省不匹配。浙江省在R&D投入和科技成果转化方面与发达省份差距较大，2012年技术市场成交额仅占广东的22.3%、江苏的20.28%、山东的58.08%。

（二）企业科学家培养的模式和机制亟待完善

1. 企业科学家培养的投入严重不足。欧盟在早期意识到由于投入不足导致科技人才短缺问题，立刻拨巨款推进创新战略。英、美等国建立了完善的基金投入机制。政府需追加人才科技强省专项经费，同时整合民间资金加大投入。

2. 科技人才培养模式亟待改进，产学研协同培养人才和导师制亟待普遍推行。目前科技创新活动与人才培养存在“两张皮”的现象，两者的耦合和整合度不够紧密，需要推广产学研协同培养人才。同时，世界500强有70%实行导师制，据抽样调查浙江省仅有33.66%的企业实施导师制。要推广“151人才”导师制经验，设立“学徒基金”和“导师基金”，鼓励企业、高校、行业、区域建立导师制，搞好传、帮、带。

3. 科技平台和创新团队的建设滞后。工作平台和团队建设是制约企业科学家成长的关键因素。需建立企业首席科学家制度，重视科技平台建设，充分发挥企业研究院、创新团队、院士及博士后工作站在人才培养中的作用，推动人才块状集聚。

4. 资源共享平台及其科技人才服务产业相对落后。“科技人才、科技信息大数据和科技设备”是创新的基础条件，需建立共享平台和机制整合科技资源，更好地发挥资源的效用。目前，“资源共享平台”缺乏规划和有效机制，共享观念落后，资源缺乏与浪费并存。科技和人才服务产业亟待快速发展推动创新战略。

三　构建“五位一体”模式，完善企业科学家培养体系

企业科学家的培养是百年大计、系统工程，必须建立政府、企业、高校、市场、社会“五位一体”培养模式，完善政府引导、企业主导、高校基础工程科技人才供给、市场配置、社会参与的培养体系，强化各方的协同作用，整合政策，发挥科技、教育和人才建设投入的合力。

（一）建立系统科学的企业科学家培养和评价标准

企业科学家标准是企业科学家培养的指挥棒和标尺。美国等发达国家非常重视企业科学家的素质评价标准。美国工程和技术鉴定委员会、法国工程师委员会和澳大利亚工程师协会都提出了工程师的标准。《国家中长期科学和技术发展规划纲要（2006—2020年）》和《“十二五”规划纲要》把标准化工作作为科技发展的两大战略之一。需要政府引导、工业界和教育界联合、行业协会参与，高度重视企业科学家的培养和评价标准的制定。

课题组通过调研提炼出企业科学家的素质标准，共20个项目。具体素质标准依次为：创新能力，踏实认真的工作态度，终身学习能力，在多学科团队中的合作能力，对客户和市场需求的敏锐性，职业道德和社会责任感，扎实的工程科学知识，沟通交流能力，对科技工作的兴趣和自豪感，实践经验和经历，前沿技术知识，使用相关计算机软件及工程工具的能力，利用科学和工程知识解决问题的能力，相关跨学科知识，设计实验及分析和解释数据的能力，扎实的数物化等基础科学知识熟练掌握外语及具有良好国际化能力，根据需要设计系统和部件及过程的能力，对于产品技术和工程问题进行系统表达和建立数学方程模型进行求解论证的能力，经管等人文社科知识。

（二）充分发挥企业使用和培养企业科学家的主体作用

企业要强化在人才培养中的公共责任、主体责任，不仅要靠高工资，更要靠开放包容的创新文化和长效激励机制。

1. 政府应适时实施积极的财税优惠政策。实施优惠财税补贴制度，鼓励企业加大对工程科技人才的引进和培养，鼓励校企合作“订单式”培养人才。

2. 把职业素养和创新能力作为人才培养核心内容。创建学习型企业，加大对企业科学家的培训投入。建立企业内部导师制，尤其重视企业科学

家职业素养和创新能力的培养。

3. 建立完善企业科学家评价和科技成果转化激励机制。建立任职资格标准，对龙头企业下放工程技术职称评审权，实现企业评聘合一。重视知识产权保护，将科技创新、专利和产业化成果作为企业科学家评价的重要指标。加强技术合同管理，保障成果完成人员分享科研成果转化收益。

4. 推广企业年金制，促使优秀人才流向企业，完善养老保障体制。目前，浙江省实施企业年金的企业非常少。通过财税优惠政策鼓励更多企业建立企业年金，以提高企业吸引人才的能力，同时将提高企业人才的养老待遇。

5. 凝聚企业科学家精神，优化创新环境。企业科学家融合了企业家和科学家两者精神，那就是“敏锐的市场意识、勇于创新的精神”。企业要给企业科学家创新时间、资金和环境支持，激发企业科学家的创新潜能。

（三）政府引导并支持产学研携手培养企业科学家

1. 高校培养模式应当突出职业素养、实践和创新能力。重视创新人才培养，形成科学具体的人才培养目标体系，突出培养人才的创新能力、实践能力和学习能力等。坚持课内与课外、教学与研究、教学与实践相结合、文理科相互渗透。根据人才标准和国际经验建立工程科技人才培养质量评估体系。

2. 实现科技创新与人才培养高度耦合。科技和教育高度耦合是区域持续发展的根本保证，美国非常提倡科技项目带动人才培养。一是建立科技和人才培养耦合评价体系。政府引导，加强顶层设计，鼓励校企联合，避免投入碎片化。二是发挥高校重点实验室、企业研究院和技术中心等科技平台的培养人才功能。设立跨部门科技项目、研究机构或协同创新中心。

3. 鼓励产学研携手培养企业科学家。美国倡导校企合作，并形成了独特的硅谷模式、MIT 模式。我国建立了全国产学研合作教育协会并发布了发展宣言。一是构建校企信息交流平台，实现高校与产业深度合作。二是通过引导和财税政策鼓励企业建立实习基地、校企合作基地。三是发挥和整合校企人才的优势，鼓励校企人才交流互动，鼓励相互挂职和兼任导师。

（四）加大引进力度促进浙籍企业科学家回归，促进企业科学家团队建设和块状集聚

1. 建立企业科学家预警机制和信息系统，大力引进紧缺急需的企业

科学家。编制创新型工程科技人才开发目录，根据产业结构调整和产业集群发展需要，动态发布供求信息。继续大力引进海外国内领军人才和创新团队，发挥浙江“四大国家战略”和优惠政策对人才的集聚作用。

2. 启动“浙籍企业科学家回归创新创业计划”。按照吸引“浙商回归”政策，通过“走出去、请进来”的方式，筹建“浙籍企业科学家回归创新创业园区”，吸引浙籍企业科学家回归。

3. 以柔性人才政策对接高层次企业科学家。建立柔性人才数据库，坚持“不求所有，但求所用”，采用聘用、兼职、技术入股等方式，柔性引进企业科学家并发挥其传、帮、带作用。

4. 建立企业首席科学家制度和创新团队，完善协同创新机制。鼓励设立各级企业创新团队，鼓励省级创新团队申报重大重点战略项目。整合资源，促进跨单位、跨部门、跨地区的科技创新平台和团队建设 。

5. 与块状产业集群相衔接，推动企业科学家块状集聚。要结合“块状产业集群战略”，使企业科学家的分布具有鲜明的地域特色和行业特点，使块状经济与人才高地共建共进。

（五）加强企业科学家的平台建设，促进科技和人才服务产业发展

1. 加强企业研究院、博士后工作站和院士工作站建设。积极支持有实力的企业建立企业研究院。发挥企业研究院在研究平台、应用研究、部分基础研究、科技服务、人才培养中的作用。鼓励企业加强技术中心和博士后工作站建设，加强行业技术创新平台建设。

2. 健全科技信息资源共享平台及科技人才服务产业。通过政府管理向治理转变完善人才服务工程，要按照“政府引导、行业主管、企业自主、社会参与”的原则，统筹发挥科技和人力资源服务中介组织优势，提供科技及人才的公共服务、市场服务。加速发展科技服务和人力资源服务产业。构建“网上网下企业科学家交流平台”，促进企业科学家国际化。

〔该文是浙江省发改委重大招标项目“我省大力培养企业科学家的对策思路研究”的成果，于2014年被毛光烈（时任副省长）批示，省发改委、科技厅采纳〕

房地产市场调控下浙江省中小型房地产企业面临的风险与应对策略

中小企业研究院　　林汉川　许伟杰　虞晓芬

【提要】随着国家房地产调控政策进一步深入，房地产市场调控攻坚战已显示出阶段性成果，但又出现了许多中小型房地产企业以资金链断裂为标志的经营性风险。本期报告以杭州余杭金星房地产企业申请破产为切入口，分析了目前中小型房地产企业面临的商业运作高成本、产品滞销与资金回笼困难、财务亏损严重、资金链断裂为特征的风险及其形成原因，并就化解这些风险提出了对策建议。

浙江工业大学中国中小企业研究院林汉川教授、许伟杰副教授、虞晓芬教授联合完成的研究报告《房地产市场调控下浙江省中小型房地产企业面临的风险与应对策略》，分析了国家房地产市场调控背景下浙江省中小型房地产企业面临的风险及其形成原因，并从宏观、区域和微观三个层面就化解这些风险提出了一些对策建议。

一　杭州余杭金星房地产公司申请破产的情况

2012 年 4 月，杭州余杭金星房地产公司向法院申请破产。这是本轮房产调控政策下第一家因资金链断裂申请破产的房地产公司。金星房地产公司母体中江控股公司是一家集投资、科技、制造、贸易、旅游、服务于一体的综合性、多元化控股集团。业务包括香料香精、船用防污漆和酒店经营等。2008 年 6 月，因垂涎房地产业的高利润，中江控股公司进入了房地产业，接盘金星房地产公司及其西城时代家园项目这一烂尾工程，当年遭遇2008年房地产调控；恰逢2009年全国房地产上升疯涨躲过一劫。2010年开始遭遇第二轮调控，由于该公司在大举扩张与多元化发展中，把房地产投资当作一颗重要挪腾资金的棋子，供其拆东墙补西墙所用，已使金星房地产公司在不到4年时间里先后转让过5次股权，且大多数都在与中江控股公司有关的企业或个人之间流转。导致金星房地产公司拖欠款项达4000万元，欠税2398万元。然而，中江控股公司自身也已陷入涉及民间借贷25亿元，向银行及浙江省财务开发公司贷款与借款25亿元，即使把该公司所有资产都抵押变现，还有约30亿元借款缺口的困境。中江控股董事长俞中江已主动向政府汇报资不抵债的情况并寻求破产保护。据测算，该公司的破产牵涉3家银行、上百家公司。该公司更是无力帮助子公司还款补税了，杭州余杭金星房地产公司只好被迫申请破产保护。

二　中小型房地产企业面临风险的特征

调查总结杭州余杭金星房地产公司和省内外其他一些中小型房地产企业因资金链断裂产生的经营性风险现象，其风险突显以下四个特征。

1. 商业运作高成本的风险。在国家楼市调控政策继续从严与防范房地产信贷风险背景下，大批中小型房地产公司由于信用缺失，陷入信贷无门、信托严控、拆东补西的资金短缺困境。一些中小型房地产公司往往尝试高成本民间融资、民间拆借、员工融资、私募股权基金等形式，试图解决燃眉之急。据调查显示，2011年四季度浙江民间融资利息率普遍达到26%，近期也维持在20%左右。如此高额的资金成本已经极大地困扰着中小型房地产企业正常的商业运行。

2. 产品滞销与资金回笼慢的财务风险。调查显示，截至2011年底，已公布的75家上市房地产企业存货高达7230亿元，比上年同期增长43%；负债超过8000亿元，比上年同期增长31%；其存货周转天数9个多月。而中小型房地产企业由于开发产品同质化严重，又缺乏足够的品牌效应，存货周转天数普遍高于10个月。因此，大多数中小型房地产企业销售持续低迷，库存量快速增加，资金回笼出现困难，严重影响了它们的财务安全。

3. 严重亏损的生存风险。近几年，房地产市场“地王”频出，一些中小型房地产企业盲目高价竞地，竞购的土地价格与当时在售的楼盘价格基本相当。如今这些两三年前购买“天价面粉”的中小型房地产企业，已经到了做成“面包”出售的时候，却已经陷入“面粉贵于面包”的困境；建房综合成本与销售价格无法平衡，严重亏损在所难免。据调查，杭州2009—2010年的几块“地王”如今缩水超过50%。

4. 资金链断裂引发的破产风险。大量中小型房地产企业都是前几年房地产市场火爆时向房地产市场集聚的，无论主营业务是何种行业，仿佛只要成立个房地产公司，买块地、盖上房就不愁卖，就能赚钱。例如，刚刚申请破产的杭州金星房地产公司，之前就是从事香精行业，到2008年才涉足房地产。由于这些中小型房地产企业大都是由中小规模实体经济体投资或民间资本组建而成，自有资金量本来就不充裕，又把房地产当作资金杠杆无度使用，举债式发展，现在一旦销售遇阻，资金回笼速度放缓，无论其是采取压价销售，还是“借新还旧”，都可能引发以资金链断裂为特征的破产或倒闭。

三 中小型房地产企业面临风险的形成原因

“误判形势”盲目入市引发的资金无度使用风险。

1. 前几轮的宏观调控没能有效控制房地产市场的整体有序发展，每一轮调整后的报复性反弹都给整个社会造成了一个错觉：中国快速城镇化进度不可能因调控导致房地产市场破灭或下行。在房地产行业高额利润诱惑下，大量实体经济和民间资本的涌入，极大地增加了房地产业的无序竞争，也拉高了各地的土地价格，加大了开发成本；许多中小型房地产企业又过度依赖资金的杠杆作用并无度使用，这就为资金量本来并不大的实体经济和民间资本组建起来的中小型房地产企业埋下资本泡沫的隐患。

2. 多元化与缺乏专业实力引发的商业运作风险。许多中小型房地产企业均由其他行业实体经济出资或民间筹资组建而成，介入房地产业的基本经营思路基本上停留在资本运作层面。它们不熟悉房地产运作，缺团队，缺管理人才，缺开发经验，缺公共关系；对进入的城市、地区和开发的房地产项目缺乏深入细致、专业理性的调查和论证，操作思路带有很大的随意性。激进的多元化扩张策略与不专业，导致许多中小型房地产企业商业运作手段落后、缺乏风险意识和预防机制、现金流入不敷出。

3. “以小搏大”投机战略引发的亏损风险。受前几轮宏观调控效果错觉暗示，许多中小型房地产企业铤而走险，试图采取用少量的资金，以小搏大的投机战略，通过各种渠道贷款融资来扩大开发土地存量或项目开发规模，进而获取高额利润。然而，当房地产市场形势发生巨大变化时，这些中小型房地产企业大都陷入销售受阻、资金回笼困难、还款集中到期的困境；进而形成了一批资金沉积深、回报周期长、高负债率的房地产项目，加之又缺乏有效的应对预案，难免引发巨额亏损。

4. 不规范筹融资行为引发资金链断裂的破产风险。中小型房地产企业由于缺乏正常融资渠道应具备的条件，因此往往采取比较原始的融资渠道，如企业之间拆借、个人集资、地下钱庄融资；或过分乐观于滚动开发，分批次偿还的项目筹融资运作模式。这类不规范筹融资行为在房地产市场向好或价格持续走高、供需两旺时，资金成本压力或许不大。但一旦遭遇像本轮的全国房地产市场严厉调控，资金使用成本大幅度提高，拆东墙补西墙，短贷资金作为长贷资金使用，极大地增加了偿还风险，加大了破产、倒闭发生的概率。此外，中小型房地产企业股权构成比例不合理，股权转让频繁，像杭州余杭金星房地产公司那样，容易引发资金链断裂的破产风险。

四　应对策略建议

1. 在宏观上应从经济发展与社会稳定高度重视中小型房地产企业面临的困境与风险。中小型房地产企业的困境与风险，表象上是资金链断裂，实际上是前几年实体经济“空心化”“泡沫化”的恶果。防范和化解这些困境与风险，必须将市场调节的“无形之手”和政府调控的“有形之手”结合起来综合治理。

一是要坚定不移地排除房地产业中的劣质中小型企业。对于部分非主营业务掘金房地产、价格高点购入地王项目、举债式过度发展的中小型房地产企业，出现因资金断裂引发的破产风险是不可避免的。同时还应通过市场调节的“无形之手”，把大批投资中小型房地产企业中的民间资本，从房地产泡沫中挤出，让更多中小型房地产企业回归实体经济，真正实现房地产市场健康、有序发展。

二是要避免“硬着陆”，实施“软着陆”。一方面这些中小型房地产企业出现困境与风险的性质，已经超越了经济本身的问题，已经由经济驱动力价值转化为产业矛盾，由产业矛盾升级为社会矛盾；另一方面又要避免陷入调控失效产生又一轮报复性反弹，或因为调控引发大批中小型房地产企业破产波及全社会的两难选择。

三是避免产生恐慌性放大，波及省内外，形成“多米诺骨牌”的效应。警惕和预防因大批中小型房地产企业破产，可能引发民间借贷纠纷高发的潜在金融风险，可能引发一些地区经济增长动力下行过快的潜在风险，还可能引发相关的中小企业大量停产、半停产或大量民间资本游离实体经济的产业风险。

2. 在区域上各级地方政府应制订严格完善的应对措施，预防和化解中小型房地产企业因资金链断裂引发的破产风险。

一是建立各级房地产风险评估预警机制。各级地方政府应自觉领会国家这一轮房地产市场宏观调控的真实意图，从政治高度上放弃“土地财政”的地方主义思想，正确领会中央这一轮调控的精神实质。当前，各地政府要组织力量对近几年出让的土地逐个进行排查评估，建立项目档案，全面掌握项目进展与已预售情况、后续资金保证与财务的安全情况。在此基础上，对各地中小型房地产企业的实际运行状况对比分析，建立预警机制，分门别类地制定切实可行的应对预案，防范因资金链断裂引发的破产风险。

二是在土地出让收益中设立房地产风险基金。建议地方有关部门在规范房地产市场、土地市场管理的同时，每年在土地出让收益中划出一定的比例，设立房地产风险基金。房地产风险基金主要用于房地产开发项目因资金链断裂等原因工程续建的垫资，对消费者造成实质损害的合理补偿以及有效地监控。

三是严格预售资金管理。尽管国家有关部门对预售资金监督出台过文件，但在实际操作中，存在着执行不到位、监督不严等问题，并为开发商挪用预售资金提供了机会。这次杭州金星房产公司开发的西城时代家园难以按期交房，问题之一就是开发商挪用了预售资金。为切实保护消费者权益、防范开发单位过度扩张，必须尽快要求各地建立商品房预售资金监管制度，商品房预售资金必须全部存入由银行监管的专用账户，政府同时进行跟踪监控，保证预售资金优先用于工程建设。对监督不严的工作人员、违规使用预售资金的开发商必须作出严肃处理。

四是指导和帮助中小型房地产企业转型。由于中小型房地产企业资本构成、股权构成比较复杂，各级地方政府相关部门应因地制宜、因事制宜、因盘制宜，制定不同的策略，指导和帮助中小型房地产企业转型。一方面对有条件的地市可以采取资本整合、资源整合的，根据片区、项目性质，把可能合并、合作的中小型房地产企业整合起来，形成开发联合体，共同提高抗风险能力；另一方面对没有条件的地市，可以通过重新评估，二次打包，引进实力强的国有大型品牌房地产开发企业进行收购、并购、股权转让，把中小型房地产企业的损失尽可能降低；还可以利用各地的国有投资建设公司，通过合作、股权转让、收购，或鼓励中小型房地产企业把一些房地产住宅项目转型为经济适用房。

3. 在微观上中小型房地产企业必须认清形势，突破困境，破茧重生。

一是降价促销缓解资金紧张压力。就目前的市场而言，缓解资金压力的最有效方式是降价促销。降价促销既包含中小企业必须降低利润预期，同时重塑企业整体生存发展的战略思路，认识到唯有盘活了资金，大批中小型房地产企业才能渡过资金断裂引发破产的难关。

二是并购重组缓解商业运作风险。一方面重组整合，可将若干个业务相近、面对共同市场的中小型房地产企业结盟，共同承担市场风险，配置资源，分享利益，优势互补，形成规模化、集团化效应；另一方面将项目并购转让，其中最理想的并购是债权加股权，尽量降低股权出让的比重，加大资本的进入。

三是调整经营开发模式规避严重亏损的生存风险。一方面发挥中小型房地产企业"轻""快""灵"的优势，抛弃以往的那种将大量的资金沉淀在土地储备上，高负债、低周转率，强调单个项目的高收益的重资产开发模式，调整为"不存地、不存房、零库存"的轻资产经营开发模式。另一方面将目前套死中小型房地产企业巨额资金的困难项目出售或转让，回笼资金，转而专注于短、平、快的项目。

四是另辟蹊径寻求发展的新"蓝海"。一方面快速瞄准二、三线城市的中端市场，通过专业化的运营和成本控制，开发适合市场的高性价比产品，快速销售，迅速回收资金，实现企业的高速、有序发展；另一方面在项目选择上，应定位在低碳环保、旅游产业、养老产业等政府鼓励和扶持的产业；还可以积极参与三、四线城市保障房建设，以获得更多机会与地方政府财政支持。

〔该文于 2012 年被陈加元（时任副省长）批示〕

成果要报：可以将政府不同部门的扶持基金统一归集

经贸学院　　章和杰

【提要】目前政府各类支持企业发展基金众多，政出多门，存在设租、寻租现象。造成龙头企业过度融资，商业银行存在惜贷现象，中小微企业无法实质性地摆脱融资难困境。政府缺位，信息不对称，缺乏信息共享，形成了大量信息孤岛，未能建立支持统一查询的社会信用体系，监管难度大，是中国至今仍缺少在世界上具有较强竞争力产业的重要原因。建议：政府综合研究部门依产业发展方向提出基金扶持方向，由政府某一部门统一归集发放扶持基金。政府扶持基金作为引导基金，与商业银行、龙头企业共同出资组建产业链金融信用保证基金（简称"信保基金"），并按市场化运作，为产业链上的中小企业进行担保。合理设计规制使政府的引导基金保值、增值，或逐渐退出。建立区域统一查询的社会信用体系。

浙江工业大学章和杰教授主持的国家社科基金项目（14BGL157）阶段性成果，认为将政府不同部门对新兴、战略性产业和中小企业等的扶持基金统一归集，以提升政府效能，促进经济转型升级，具有可行性，存在的一些实际障碍可以进行规避，并提出一些具体建议。

一　部分学者认为将政府不同部门的扶持基金统一归集的障碍并不成立

目前政府各类支持企业发展基金众多，政出多门，存在设租、寻租现象。龙头企业由于其具有新兴、主导、高科技、战略性产业等特征，可从不同的政府部门获得不同的扶持基金，虽然造成过度融资，仍不愿为中小企业担保。浙江温州、萧山、湖州等地担保链的崩溃拖累地区经济发展的现实，表明企业间互保并非解决企业融资难的良方；因信息不对称，商业银行普遍存在惜贷现象，致使中小微企业无法实质性地摆脱融资难困境。政府缺位，信息不对称，缺乏信息共享，形成了大量信息孤岛，未能建立支持统一查询的社会信用体系，监管难度大，是中国至今仍缺少在世界上具有较强竞争力产业的重要原因。

一些学者认为，将政府不同部门的扶持基金统一归集不利于对不同的产业实行区别对待、重点扶持；可能增加政府垄断；亏损概率要大于分散的政府扶持基金。实际上，这些障碍并不成立。

1. 政府不同部门的扶持基金统一归集与对不同的产业实行区别对待、重点扶持并不矛盾。扶持基金统一归集是指对不同政府部门所拥有的基金实行统一管理，不同的产业实行区别对待、重点扶持主要是鉴别战略、新兴和科技型企业等，两者的职责范围可以分离。

2. 政府不同部门的扶持基金统一归集不会增加政府对扶持基金的垄断。统一管理和增加垄断并不能画等号，况且提高财政资金的使用效率和反垄断，是政府义不容辞的责任。事实上，只要规制设计合理，完全可以避免某一政府部门对扶持基金的垄断，提高财政资金的使用效率，加快产业的转型升级。

3. 按照“鸡蛋不能放在一个篮子里”的风险分散原理，单一的政府扶持基金的亏损概率要大于分散的政府扶持基金。但只要合理设计规制，完全可以减少亏损、不亏损甚至盈利。

二　政府不同部门的扶持基金统一归集也存在一些实际障碍

1. 原拥有基金的不同部门之间的利益难以协调。现行体制下，政府不同部门所拥有的扶持基金权属不同，重点指向不同，部门利益不同，部门间存在竞争的动因，造成统一归集难。

2. 统一归集不能根除设租、寻租现象。只要有利益的可能获取机会，就会存在设租、寻租现象，政府扶持基金的统一归集，只能减少设租、寻租现象，而不能根除它。

三 政府扶持基金统一归集存在的障碍可以进行规避

目前来看，实施政府扶持基金统一归集存在的实际障碍很难直接消除，但可以通过渐进式改革，不断完善制度体系进行规避。

1. 政府综合研究部门提出基金扶持方向。政府综合研究部门如政策研究中心等，是一个地区的研究高地，担负制定一个地区产业政策、统领产业转型升级的方向性任务。由其提出政府扶持基金的资助对象具有可行性。

2. 通过统一归集制度来规避政府不同部门所拥有的扶持基金在权属上的矛盾。依不同地区的具体情况，该部门可以是财政、发改委、科委等，但只能放在一个部门。该部门按照政府综合研究部门的建议，实施政府扶持基金的具体资助事项，并通过信息公开，接受社会监督。

3. 组建产业链金融信用保证基金（简称“信保基金”）。调查表明围绕高技术、战略性、新兴或主导产业，政府扶持基金作为引导基金，可解除商业银行、龙头企业出资组建信保基金的后顾之忧，三者依不同的比例出资，共同组建信保基金并按市场化运作，合理设计规制可使政府的引导基金保值、增值，或逐渐退出。不仅不会增加政府扶持基金的亏损概率，反而会起到财政资金一两拨千金、减轻政府财政负担的作用。

4. 建立区域统一查询的社会信用体系。在全国建立统一查询的社会信用体系，目前存在很多困难。但在一些地方如沿海发达地区，完全可以建立支持统一查询的社会信用体系，发展独立、权威的信用评级机构，有效增加政府、龙头企业、商业银行和中小企业之间的信息匹配，大大减少信息搜集成本。

5. 减少企业过度融资和寻租现象。一家龙头企业或若干核心企业，不问其科技、创新型，只要符合产业发展方向，有利于产业转型升级，均可获资助，也只能得到一个扶持基金。既解决了过度融资问题，又由于大大减少烦琐的评比科技、创新型企业工作，减少寻租现象。

6. 实质减轻中小企业融资难困境。凡是处于符合产业发展方向的产业链上的中小企业，均可获得信保基金的担保。由于减少了信息不对称现象，有利于商业银行向中小企业贷款。规避政府基金撒胡椒面式的扶持中小企业的传统做法。在上述产业链之外的中小企业，其融资由市场决定。

通过统一归集众多的政府扶持基金，能较有效界定政府和企业边界，政府主要着力点在优化信用体系建设等外部环境以及引导监管产业链金融健康发展上。提升我国产业在全球生产网络、全球价值链和供应链中的地位，引导产业链延伸和高端化发展，增强我国经济活力与可持续发展能力，提升我国经济的综合实力和国际竞争力。

（该文于2014年被朱从玖副省长批示、省金融办采纳）

谈浙江传统产业的改造升级

——文化，让丝绸飞起来

中小企业研究院　　郑利军

【提要】如何改造传统产业，使之提高附加值、增强竞争力，是浙江必须回答的“老难题”。自20世纪90年代以来，浙江丝绸业经历转型“阵痛”，凤凰涅槃，重焕生机，在最近的几次危机中“逆市飘红”，十分抢眼。本文以浙江万事利丝绸集团公司为例，剖析其“传统产业+创意文化=新兴产业”的做法，提出对传统产业要不离不弃、做强做精。

浙江传统产业比重较大，又大多停留在“加工”和“就业”环节，赚的是低利润，过的是温暾日子。几次危机来临，纺织、服装、化纤等劳动密集型中小企业艰难过冬，人们不禁发出疑问，传统产业“到底能扛多久”“能不能走下去”“要不要坚守”？笔者在多篇著作中呼吁，传统产业不等于落后产业，放弃传统产业是“自毁长城”。我们常说，用高新技术改造传统产业，就能获得高利润。需要补充的是，传统产业挖掘文化内涵，加上创意元素，则会进化为新兴产业。

就说丝绸吧。我国是丝绸的故乡，全球75%的生丝产量来自中国。浙江号称“丝绸之府”，丝绸产量约占全国1/3。20世纪90年代，中国丝绸产业经历了5年的调整，许多名噪一时的丝绸企业停业或转行，直到1999年才实现行业扭亏。艰难之时，浙江一批丝绸企业图变革、求转型，活了下来。

万事利集团的变革，始终围绕做大做强丝绸主业，走出一条“传统产业+创意文化=新兴产业”的转型路子。以前做丝绸面料只赚2元/米，现在做丝绸礼品能赚20元/米，做丝绸墙绸能赚200元/米，做丝绸艺术品可赚2000元/米，创意文化植入传统产业后，发生了脱胎换骨的变化。即便是在国际金融危机、美欧债务危机的时候，公司业绩依然大幅增长。2001年上海APEC会议20位国家元首身着的“唐装内衣”，2008年北京奥运会和2010年的上海世博会、广州亚运会上的丝绸服装，皆出自万事利集团。丝绸产品从食之无味、弃之可惜的“鸡肋”变成高附加值的“软黄金”，奥秘何在？

一 挖掘“古”价值，注入文化元素

我们的干部队伍中有一个不好的现象，就是谈魄力必是大拆大建，谈能力必是打破框框，敢于“破旧”而不善于“立新”。许多历史遗迹消失在工业化、城市化进程中，无数记忆隐没于喧嚣的机器声中。当眼前利益成为某些企业的第一追求时，万事利集团却耐得住寂寞，研究起了古文、古币。据公司向有关学者多方考证，在距今3000多年、中国最古老的成形文字殷商甲骨文中，不仅发现了“蚕”“桑”“丝”“帛”等汉字，还发现300多个以“丝”为偏旁的古体字，占被释读的甲骨文古单字的15%。公司还研究发现，丝绸是中国最早的货币。《说文解字》云：“货，财也；币，帛也。”自汉代开始的陆上丝绸之路，更是促进了中西方文化的交流贯通。这些已经被人们淡忘的丝绸古文化，被万事利挖掘出来，再度进入视野，成为魂牵梦萦的“香饽饽”。

文化是一种符号，也是一种记忆。当文化与商品结合时，便是一种财富。痴心丝绸的万事利人，精确发现丝绸的文化属性，突破“丝绸即面料”的简单认知，从设计、材料、工艺、包装、营销等环节植入文化元素，实现丝绸产品的价格升值。这些年，万事利丝绸礼品的种类越来越多，质量越来越精，文化含量越来越高。为清华大学百年校庆制作的“丝绸百米长卷”和“丝绸纪念册”，独具匠心，雅俗共赏。“青花瓷”礼服运用宫廷绣法，一经亮相，惊艳全场。《上海世博会参展政要金石印象》印谱，将中国篆刻、书法、丝绸文化三种非物质文化遗产融合于一体，获得全球华人设计大奖。用文化来扮倩丝绸，在丝绸上品文化，万事利的丝绸礼品成为连接历史与现实的纽带、传递文化与友谊的桥梁。

二　憋足“牛”劲头，主攻文化品牌

几十年不放弃实业，始终做强丝绸主业，是万事利集团成功发展的重要经验。曾几何时，很多制造企业热衷于投机炒作，把主要心思和精力用于投资房地产和矿产，陶醉于多元化发展，而万事利集团不为所动，对丝绸文化情有独钟，憋足一股“牛”劲，立志在丝绸上做出成绩来。公司把传承千年手工丝织技艺作为突破口，针对传统丝绸技艺后继乏人、面临失传的状况，一门心思钻研丝绸，投入巨资成立中国丝绸艺术研究所，聘请师傅和专家学者，推广运用丝绸绣法，避免珍贵的手工技艺因社会的变迁而消失，也使丝绸产品的艺术性、文化性和经济性有机统一起来。

在此基础上，大力推进质量兴企和品牌创建战略。以客户需求为导向，坚持小批量、多品种、个性化，创新商业模式，与10000多家客户建立长期稳定的合作关系。1999年，“万事利”商标被国家工商行政管理总局认定为中国驰名商标。进入21世纪以来，虽然人民群众的生活品质不断提高，丝绸行业也克服大起大落、实现平稳运行，但丝绸行业整体利润率也仅在3%左右。为改变这种状况，万事利集团十年磨一剑，着力塑造品牌优势，以此来赢得客户、扩占市场、提高效益。

三　追求“高”品位，张扬文化魅力

“阿侬家住蚕桥东，但事蚕桑不务农。”杭州是江南有名的丝绸生产和交易基地，在杭州涌现出“喜得宝”“万事利”等知名丝绸企业。“千里迢迢来杭州，半为西湖半为绸。”作为后起之秀，万事利集团立足高品位，一心一意做大做强丝绸产业，推动产品制造向文化创造转变，形成了丝绸行业的“万事利现象”。丝绸作为“纤维皇后”，配上“汉字”“茶”“瓷器”“唐装”等中国符号，更具文化魅力。万事利集团把丝绸作为新材料来打造，把面料、桌旗、丝毯、窗帘、手绘丝绸、丝绸设计等技术和工艺有机融合起来，开发一系列家居装潢用的丝织品，并运用于星级酒店、房地产等多个项目，既生态环保，又有文化品位，很符合当前高端客户群体的消费理念。2011年3月，一幅清代的缂丝画卷在法国拍出1900万英镑的价格。发掘丝绸的艺术品属性，其价值空间就会进一步拓展开来。

四　加大"创"力度，融合民族的创意文化才是世界的，民族的创意文化产品才能激发国内外市场的共鸣

十几年来，万事利集团紧抓市场需求，通过创新战略的实施，不断完善技术创新体系建设，累计申报国家专利 75 项，其中 5 项发明专利。公司主持和参与制定 5 项国家和行业标准，有 33 个科技项目获得国家、省、市科技进步奖和新产品奖。公司用创意文化来改造提升丝绸产品，形成了拥有自主知识产权的 4 项核心技术和 6 个系列主导产品。4 项核心技术是：新型丝绸书制作工艺技术、现代数码纺织技术、新纤维及功能性纤维材料开发技术、生态染整技术。6 个系列主导产品是：新型丝绸书、全真丝数码双面织锦、室内装饰用真丝绸、抗菌肽涂层仿真丝面料、功能性天然染料真丝面料、"青花瓷"系列产品。据中国丝绸协会统计，万事利集团的真丝印染绸产量、丝绸服装产量和丝绸文化用品销售量 3 项指标均居全国第一。

万事利集团咬定丝绸主业不放松，并把创意文化元素植入传统产业的改造升级，给人启迪、引人思考。做传统产业留给子孙后代的或许只有钱，而做文化产业却能留给子孙百年常青的基业。当前，浙江改革发展既面临自然资源与环境条件的"硬"制约，也面临来自社会性因素的"软"制约，而推动浙江经济发展方式从粗放型向集约型转变，是解决好一"硬"一"软"这两个问题的根本之举。浙江作为传统的制造业基地，不能因为暂时的困难就对传统产业失去信心，必须以"等不起"的紧迫感、"慢不得"的危机感、"坐不住"的责任感，脚踏实地推动传统产业改造升级，努力走出"山重水复"的旧天地。

首先，发展高新技术产业，并不意味着放弃发展传统产业。优化和提升传统产业始终是浙江转变经济发展方式的题中之义，也是发展高新技术产业的重要支撑。由于历史和现实的原因，传统产业不可避免地遇到了这样那样的困难和问题。无论这些困难和问题多么严峻，都必须正视这样的现实，即从整体上看，浙江以块状为特色的传统产业的活力是在增强，而不是下降；生产是在发展，而不是萎缩。新经济是建立在传统产业高度发达的基础上的。传统产业与高新技术产业之间没有天然的鸿沟。科技革命并不是消灭一批传统产业，而是使这些传统产业以新的面貌出现在产业结构之中，有的甚至成为某些新兴产业赖以建立的物质条件之一。在推进高新技术产业化、加快经济转型升级过程中，必须重点抓好传统产业的改造

与升级，提高传统产业的整体竞争力。

其次，用创意和文化来改造传统产业，可以跳过已经落后的时间差，获得后发性的经济利益。“文化”一词最早出现在《易经》中“文明以止，人文也。观乎天文，以察时变，观乎人文，以化成天下”。西汉时期著名学者刘歆在《说苑·指武》中首次将“文”与“化”合成一个整词，谓之“凡武之兴，为不服也，文化不改，然后加诛”。可见，“文化”最早的本义就是“以文教化”的意思。现在，文化日益成为推动经济持久发展的内在动力。文化，正在更新浙江。浙江，正在激活文化。丝绸是五千年的中国文化国粹。古代宫廷的蚕桑习俗、各地的蚕桑民俗，至今仍然存在于各地的丝织传统技艺，浩如烟海的诗篇典籍，取其一点都可以制造出具有巨大影响力的文创产品。万事利集团的转型和发展，说到底靠的是倾力打造丝绸文化品牌，没有随波逐流，没有跟在别人后面亦步亦趋。用创意和文化来改造传统产业大有文章可做，并有广阔的市场和发展空间。

最后，立足于既有基础，科学制订产业发展规划，灵活多样推进传统产业改造升级。改造提升传统产业，要以市场为导向，以企业为主体，充分发挥市场机制的作用，不能再走由政府包揽的老路。但这并不意味着政府可以撒手不管，政府的责任主要是加强组织和协调，从建立体制和机制、营造环境入手，推动企业加快传统产业的改造和升级。结合浙江的实践，借鉴总结国内外经验，可因地制宜对传统产业推进“四种改造”：一是依靠自己的高新技术成果进行“播种式”的改造。万事利集团走的就是这么一条路，以创意文化和科技创新来改造丝绸产业，让科研成果生根发芽，助推产品升级和企业发展。二是与外资合资引进关键技术进行“嫁接式”的改造，促进民外合璧、互动发展。三是依靠引进先进技术进行“移植式”的改造，在消化、吸收和创新上下功夫，为我所用。四是将成熟的高新技术通过转让、技术入股、联合生产等形式注入一些严重老化的企业，利用原有的生产条件开发新产品，进行“技术注入式”的改造。浙江作为丝绸之府，浙商的柔韧就如同丝绸柔软的力量，代表着浙商的精神；丝绸的世界性，也如同浙商一样，闪耀在世界各地。依靠这种精神与追求，浙江必将开辟传统产业发展“柳暗花明”的新境界。

作者系中小企业研究院特聘研究员，工作于浙江省委办公厅

〔该文于2012年被毛光烈（时任副省长）批示，省政府采纳〕

社会建设篇

实施大数据研发战略，推动创新强省建设

政管学院　　吴伟强

【提要】发达国家已将大数据计划作为国家战略，国内一些省份也纷纷启动了大数据战略，浙江应将大数据研发和应用作为经济社会发展的重大战略。建议尽早制订《行动计划》，设定标准，加大投入、研发关键技术，强化大数据技术在产业的扩散，同时构建科学的组织保障体系，确保战略实施。政府更应该率先垂范，整合现有数据资源，建设“公开数据平台”。这样，可激发浙江省持续的创新能力，推动创新强省建设。

党的十八届三中全会明确提出要深化科技体制改革，这是新形势下中央对科技工作提出的一项重大战略任务，2014 年，省委全会作出了建设创新型省份的重大决策部署。浙江到底怎样转型？如何创新？我们认为，一条捷径就是：实施大数据研发战略。

一　大数据战略的挑战与机遇

什么是大数据？大数据是继云计算、物联网、移动互联网之后的又一个具有战略意义的新兴产业。大数据就是传统 IT 技术和数据库软件无法处理的海量数据，具有大量化（VOLUME）、多样化（VARIETY）、快速化（VELOCITY）和价值化（VAlUE）四大特征。

大数据有什么意义？简而言之，大数据是促进产业升级和结构调整的重要动力，是提高企业创新能力与竞争力的重要因素，是改善政府决策能

力与治理能力的重要工具。概括地讲，在大数据时代，浩瀚的数据既是新的生产要素，更是继自然资源和人力资源之后的重要战略资源，代表了当今世界的发展趋势，受到前所未有的关注。

（一）发达国家已将大数据计划作为国家战略

美国政府于2012年3月启动“大数据研究和发展计划”，投资2亿美元希望增强收集海量数据、加速科学工程探索步伐入增强国家安全；欧盟启动“未来投资计划”，投资3500亿欧元推动大数据等尖端技术领域创新；亚洲部分国家在IT振兴计划中也把大数据发展作为国家战略提出。与此同时，国外著名企业纷纷实施大数据投资战略。大数据按照信息处理环节可以分为数据采集、数据清理、数据存储及管理、数据分析、数据显化以及产业应用6个环节。而在各个环节中，已经有不同的公司开始在这里占位。目前，18个国家的主要行业中的企业中，91%的企业都已利用工具管理和分析数据，73%的企业都已经开始利用数据创收，其中57%的企业利用数据来提升现有的收入流，剩下的43%则利用数据创造全新的收入来源。另一项调查显示，当前26%的业绩提升都来源于大数据，未来3年预计有41%的业绩提升得益于大数据。

（二）国内一些省份已抢占先机

陕西、广东两省已于2012年率先对大数据产业发展进行了针对性部署。2012年底，广东率先启动大数据战略，2013年7月上海市发布了《上海推进大数据研究与发展三年行动计划》（2013—2015年）并宣布上海大数据产业技术创新战略联盟成立。重庆2013年7月出台了《重庆市大数据行动计划》，包含大数据发展目标、发展方式以及保障体系等在内的完整行动路径图，计划到2017年，推动500家软件和信息服务企业向大数据应用和服务转型，培养和引进1000名大数据产业高端人才，形成至少500亿元产业规模。

（三）浙江迫切需要启动大数据战略，推动创新发展

改革开放30多年，浙江经济领先全国，靠的是机制灵活、市场先行和产业集群，但目前，资源环境的约束、低小散的产业结构、并不占优势的技术水平，使得浙江经济存在跌出全国“第一梯队”的危机。但是，在大数据视野中，浙江产业的低、小、散并不是劣势，因为大数据可以将价值稀疏的海量信息整合成决策系统，创造新产品、新服务，改善现有产品服务，促进产业的整合，带来全方位的投资机会，创造出全新商业模式。浙

江应及早利用大数据将浙江的劣势转变成为优势，获得主动权，再创辉煌。

然而，目前，浙江省各级政府、各大职能部门都有各自的数据和信息平台，但是“信息碎片化问题”十分明显，根源在于不同部门、不同行业之间网络结构标准各不相同，且在建设和使用时条块分割。同时，我们必须承认，浙江各级领导中，很多人并不知大数据为何物，认为大数据还是 Google、Amazon、Facebook 等的专利，以为是阿里巴巴、京东、百度等公司才关心的技术。我们认为，挖掘大数据的价值，推动大数据的发展，需要发挥政府的推动作用。为此建议如下。

二　浙江省实施大数据研发战略的建议

（一）提高认识，及早制订《浙江省大数据研究和发展行动计划》

面对国际国内的双重压力和浙江经济增长方式转型升级的迫切要求，建议省委、省政府以党的十八届三中全会精神为指导，坚持信息化与工业化、新型城镇化、农业现代化融合发展的方针，整合政府、高校、研究机构的专家，成立浙江省“大数据研究和发展委员会”，尽快制订并出台《浙江省大数据研究和发展行动计划》，将大数据的研发作为未来浙江经济社会发展的重大战略。

（二）设定标准，强化信息资源共享

在政府主导下，整合科研机构和行业协会的力量，加快对大数据相关标准规范的研究，制定行业数据采集与交换标准和规范。制定政务数据资源共享评价体系，积极推进各级政务网络间的数据共享与交换，形成具有自主知识产权的标准和规范。

（三）政府先行，建设“公开数据平台”

建议浙江省各级政府参照这一模式，整合所有的政府信息资源，建设政府公开信息平台，在全社会形成健康的大数据采集和共享开放机制，从根本上解决“信息碎片化问题”，提高不同部门、不同行业之间的协同工作和创新效率；为创新型企业开展大数据分析、提供智能解决方案提供充足素材；为公众提供“保姆式”服务。通过推动政府机关和事业单位数据业务外包、开展大数据服务试点工程和应用示范等举措，加快培育大数据应用服务市场。

（四）吸引投资，推进大数据的广泛应用

大数据技术，与无线电力、社会分析系统、集团购买、3D 打印、图像认知、社会电视、客户服务视频分析、语音转换、移动机器人、人机交流、量子计算、游戏化等技术一样，处于快速成长期，在未来2—5年内是主流技术，技术的研发和产业化需要社会资本的大量投入。应积极鼓励社会资本投入以下6个领域：数据采集、数据清理、数据存储及管理、数据分析、数据的解读、数据的显化等，并降低数据资源共享门槛，推进价值发现、深化商业智能。

（五）研发关键技术，推动产业发展

大数据的关键技术主要集中在以下几个方面：Hadoop生态系统、文本处理技术、自然语言理解、多媒体处理技术、流计算、交互式可视化探索分析技术、大规模机器学习技术、数据隐私防范保护措施与数据安全技术、数据存储备份技术、数据放置和调节技术、数据溯源技术等。建议打造大数据产业示范园区，培育核心龙头企业、大数据应用和服务企业，引进和培养大数据产业高端人才，形成大数据产业规模，建成国内重要的大数据产业基地，将大数据产业培育成为浙江省经济社会发展的重要增长极。

（六）构建科学的组织保障体系，切实贯彻大数据战略

第一，建立协同机制，推进大数据战略的实施。大数据的研发，涵盖了大数据集成、大数据分析、大数据隐私、大数据能耗、大数据处理与硬件的协同、大数据管理易用性（可视化、匹配、反馈原则），因此，应通过建立跨部门、跨地区、跨行业的全方位协同机制，联合作战。

第二，以大数据研发和产业化项目为载体，加大对大数据高端人才的引进和培养。建议参照IBM公司与全球1000家大学联合研发大数据技术的经验，建立产学研用一体的大数据专业研究机构，开设大数据专业，在学生培养、就业方面形成合力。

第三，整合相关专项资金，设立浙江省大数据产业发展专项，优先对大数据产品和解决方案市场化推广、大数据应用示范工程等重点项目给予资金支持。

第四，加快网络建设，全方位提升浙江省无线网络水平。大数据所依据的网络存在“泛无线化”趋势，建议加快3G、4G网络建设，大幅度扩大光纤网络，提高宽带接入能力，扩大移动网络和无线局域网覆盖范围，实现重点场所和区域的无线网络全覆盖。

〔该文于2014年被毛光烈（时任副省长）批示〕

综合施策 立体治堵

省政协监督调研组 政管学院 吴伟强

【提要】评价浙江省全面实施交通治堵工程5年计划的开局之年的工作，发现虽有阶段性成果，但总体绩效并不令人满意，未来的交通治堵存在结构性的制约因素。本研究认为，浙江治堵和交通管理，应强化路网建设，着力提升交通规划引领水平；强化服务保障，着力提升公交优先优秀水平；强化停车调控，着力提升静态交通疏导水平；强化效能建设，着力提升交通治理科学化水平；强化社会参与，着力提升交通决策开放水平。

治理城市交通拥堵，有效缓解“行车难”“停车难”，是省委、省政府关注民生、顺应民声的重大决策。2013 年是浙江省全面实施治堵工程的开局之年，全省上下坚持目标、任务、措施三重并抓，规划、建设、管理三位一体，治车、治路、治人三管齐下，多方联动、虚实结合、扎实推进，初步形成政府主导、各方协作、社会参与的综合治理模式，治堵工作取得了阶段性成果。

一是交通基础建设明显提速。至 2013 年 12 月 25 日，全省新增专用停车位、地下空间停车位、公共自行车均比上年翻一番，治堵主要目标任务能够完成。

二是公交优先战略明显强化。各地从保障基础设施和路权“两个优先”入手，把公交优先作为缓解城市交通拥堵的根本出路。11 个设区市公交分担率均有所改观。

三是道路交通管理明显改善。自 2013 年 3 月 1 日开展集中整治 8 类严重交通违法行为“一号行动”，至2013年12月底，全省共查处重点违法行为371.8万起，路面“见警率、管事率、管控率”明显提高，许多探索性举措引起较大社会反响，如杭州交警部门“宣、改、管、治”齐头并进模式，绍兴“全警上路”治堵策略，温州交警部门“挂牌招才”治堵办法。

但是，当前浙江省治堵工作存在以下“三个不平衡”。

一是城市与城市之间工作进度的不平衡。有的地方个别项目明显滞后于全省平均进度。

二是突击整治与长期治理之间的不平衡。相比北京、上海、江苏等兄弟省市，上海提“治堵畅通工程”，江苏提“畅通工程”，浙江省较多地停留在应急治理状态，在管理体制、规划编制、基础设施建设和理论研究等方面均有待加强。值得关注的是，当前交通拥堵呈现出向中小城市和农村中心集镇加速蔓延的势头，不少地方对此尚未引起足够重视。

三是治堵效果与群众满意度之间的不平衡。

监督调研组认为，当前浙江省城市交通突出存在着四大结构性制约因素。

第一，规划布局不合理，单核城市发展模式成为城市交通的先天性制约因素——职住不匹配矛盾突出，“钟摆式”拥堵加剧；功能要素高度聚集，“向心式”交通问题日趋严重。

第二，路网结构不科学，快速路密度低、不配套成为城市交通的基础性制约因素——路网密度过低，等级结构尚不合理；立体交通严重滞后，过度依赖平面交通；停车位严重不足，很大程度上制约了动态交通。机动车与停车位合理比例通常为1∶1.2—1.5，但浙江省各地明显偏离，杭州情况更为严峻，只为1∶0.4。

第三，交通供求结构不对称，公共交通严重滞后是城市交通的“瓶颈”性制约因素——私家车增长迅猛，城市交通面临大考验；公交优先尚未实现，难以承担交通流疏导主责。一是轨道交通严重滞后，“主动脉”作用缺失。二是BRT等中等容量的快速公交建设滞后，普通公交汽电车吸引力不强，“静脉”功能难显现。群众对换乘不便、不准点等问题反映强烈，诱发更多人转向私人交通。三是出租车管理体制不顺，“血管”功能不健全。各地还未真正把出租车纳入城市公交发展战略，层层转包、“份儿钱”等带来的劳动关系复杂、司机队伍不稳和拒载、打的难等问题突出。四是城市公共自行车尚未在全省普及。

第四，交通治理结构不成熟，分散式管理、重末端治理成为城市交通的重要制约因素——管理主体多元，协调难度较大；偏重末端管理，存在人为添堵因素；交通法规尚不健全，公民守法意识不强。

治理城市交通拥堵是一项极其复杂的系统工程。监督调研组建议，治堵应着眼于改革创新，着手于“五个强化”，着力于“五种水平”的提升。

一 强化路网建设，着力提升交通规划引领水平

分散城市功能疏导交通流量。第一，推进城市功能逐级分散。在推进新型城市化进程中，更加注重城市功能逐级分散，方便百姓就近居住、就业、上学、就医等，以此疏解中心城区过度集中的人口，改善城市交通流量空间分布。现为城市“堵点”的医院、学校，可通过建分院、分校的形式先行分散布局。第二，加强交通规划引领作用。交通规划应与城市规划同步甚至领先，以交通建设尤其是公共交通为纽带推进城市建设。建议借鉴上海经验，把城市规划同步纳入交通规划审核，扩大交通管理部门在规划和审批中的话语权。

加快优化城市路网架构。路网系统、交通走廊是决定城市交通效率的基础性要素。第一，逐步优化道路网级配比。国内外经验表明，城市道路网级配比以主干路网：次干路网：支路网＝1∶2∶3.8，呈金字塔结构较为合理，建议浙江省通过优化道路存量、增加道路供量逐步实现。第二，拓展支路网形成微循环系统。建议学习借鉴香港通过单行线实现交通微循环，再用通道连接各个微循环分区，形成城市循环路网结构的做法，在城市未来土地开发中，把支路网密度作为硬性指标；改革住宅小区封闭管理方式，逐步推行开放式小区，激活小区内部支小路微循环作用。第三，加快采用环状放射路网。建议浙江省各个城市明晰主要交通走廊，并对现有路网进行调整和改造，形成贯通城市的循环快速路网；改革“大街区、宽马路”模式，改变目前路网结构“纵横正交叉”样式，以小块状、放射型路网引导城市有序扩张。

加快建设城市综合立体交通体系。一是轨道交通系统。建议将轨道交通特别是地铁作为大中城市治堵的重要举措，切实加快地铁建设进度。轨道交通线路规划既要考虑多中心城市架构之需，也要满足人口密集区域居

民出行需求，建议在地铁站点开辟更多进出口，方便周边居民乘坐，减少路面交通流量。二是地面道路系统。着重建设城市丰富的支路网，减少冲突点，简化交通组织，提高地面路网整体运行效率。在一些冲突明显的交叉路口，可建设简易单边桥，减少信号灯对交通流的滞缓。三是立体慢行系统。科学建设交叉路口立体过街设施，通过有机连接过街天桥（地道）、大厦中的二层走廊及地铁站、公交站点等，形成一个四通八达的空中（地下）步行体系。建议适时开展一次步行道、自行车道路权保障专项行动，提升慢行交通连贯性、安全性和舒适性，为绿色低碳出行提供保障。四是水上巴士系统。浙江省不少城市拥有丰富水网，很多河道已经整治，具备通航能力，可开辟水上巴士，既发挥旅游功能，又发挥交通分流功能。上述四种交通系统建设必须形成无缝衔接的综合立体交通系统。

二　强化服务保障，着力提升公交优先优秀水平

规划优先。优先发展公共交通，是最适合浙江省人多地少、城市人口密度高省情的城市交通发展战略。在今后的公交规划中，公交系统要支持城市的基本功能与架构，以交通枢纽站点为中心，建立集工作、商业、文化、教育、休闲、居住等为一体的新型城市功能区。浙江省各市情况不尽相同，同一城市不同城区交通需求和交通状况也不同，应分城谋划，分区差别化对待，对于已经十分拥堵的中心城区，以大容量公交特别是地铁优先，对于周边区域和中小城镇，着手完善普通公交布局。

路权优先。公交专用走廊是公交优先最直接、最快捷和最经济的方式，体现了路权优先。建议借鉴国内外先进经验，在规划、建设、改建城市路网架构时，着重建设承载公共交通客流主流向的“优质公交走廊”；按照轻重缓急，分步建设 BRT 道路轴线、环形道路和补给线路三个层面的公交专用道，最终建成相对独立的城市公交专用道循环系统。鉴于目前浙江省城市公交专用道均设置在靠边车道，交叉路口转向时与社会车辆冲突极大，影响交通效率，而目前暂无条件采用全高架封闭方式，建议有条件的城市探索尝试中央式公交专用道。

服务优秀。公交优先务必以公交服务优秀为支撑。第一，建立公交投资绩效考核机制，以提高效率、满足乘客需求为目标。第二，提高公交线路、站点布局与日常运营调度管理水平，发掘公交运营车辆动态运能。第三，改革目前“垄断经营、粗放运作、财政兜底”的公交经营体制，通

过改革公交运营体制、引入民营资本等，引入竞争机制。第四，改革出租车经营模式，通过财政适当支持回购或者回包的方式，实行所有权与经营权分离，推广出租车电召服务，提升出租车集约化服务、智能化管理水平。

保障优先。公交优先要以政府要素支持为保障。公交是民生福利事业，其公益性远大于经济性，不少国家均建立公交补贴长效机制且效果较好。建议省政府出台公交财政补贴机制和公交场站建设政府资助机制。

三　强化停车调控，着力提升静态交通疏导水平

加快建设换乘枢纽系统。在大城市依托铁路、干线公路、城市大容量公交等建设换乘枢纽，加快构建城市综合换乘、城际公共换乘、轨道综合换乘和城乡换乘中心四级换乘枢纽体系，推进不同交通方式的无缝衔接和零距离换乘，最大限度地方便人们以换乘公共交通方式进出城市中心区域。中心区域停车场建设宜实行“适度紧缺”，既防止因车位供应不足导致大量马路停车，又防止停车位过量诱致大量车流进入，以停车位“总量控制”和“区位诱导”调节交通流。

加快建立一体化静态交通诱导系统。尽早建立统一的停车信息网和无线诱导系统，通过各种现代通信系统（GPS、网络、手机、电台）以及路边显示牌，为公众实时提供准确的停车场位置信息和停车场实时车位信息，合理引导车辆停放，减少因为寻找停车位而导致的“徘徊性”车流量。

加快分区差异化停车收费改革。实行区域差异化收费，建议把城市分核心区、中心区和周边区三类，按区收费，加大三类区块停车收费的价格落差，促使更多车辆停放在城市周边。理顺道路停车和停车场停车收费标准，利用价格杠杆，促使更多车辆停入地下停车场。实行等级化收费，收费价格随停车时间递进，加快停车位周转。

加快产业化开发地下停车。浙江省应推行停车位建设强制性规定，并且适当提高比例；从地方法规层面放开并鼓励更多民间资本投资兴建地下停车场。对于投资增设停车空间向公众开放者，可明确投资者拥有地下停车位的产权，并出台停车场用地、资金、税收、规划、技术、公共设施配套等奖励与补助措施。

四　强化效能建设，着力提升交通治理科学化水平

建立大交通管理体制。在省辖市层面先行探索建立城市交通委员会，实行交通规划编制、交通设施建设、公共交通服务、城乡交通管理职能“四统一”，建立事权集中、责任明晰、城乡统筹、高效运行的大交通管理机制，待取得经验后再全面推广。

建立高效管理导向机制。交通管理实质是处理好“人、车、路”的关系。应统筹安全、效率与美观，建议修正考核指标，将效率指标纳入对管理人员的考评，确立科学的考核体系和纠偏纠错工作机制；并适时开展一次全省性“交通管理纠错”专项行动。

优化城市智能交通系统。借鉴国内外已经成熟运用的智能交通系统ITS，借助物联网技术和大数据特质，集中力量建设集交通控制中心、交通管理中心、数据处理中心、路面探测器、智能信号灯系统、收费系统、违法监控系统和交通诱导系统于一体的智能城市交通系统，实现信息资源充分共享，提升城市交通智能化水平。

加快交通法规体系建设。从补缺型、修订型和前瞻型三个层面，尽快完善浙江省城市道路交通法规体系。一是尽快研究出台《浙江省公共交通条例》《浙江省停车场规划建设和管理条例》。二是及时修订《浙江省实施〈中华人民共和国道路交通安全法〉办法》，在修订中体现几方面内容：提高对交通违法特别是“中国式过马路”等行为的处罚强度；完善交通影响评价标准和实施办法，确保交通影响评价制度有效落实。三是加快研究出台交通需求管理方面的法规，通过立法明确限行、限停等交通需求管理措施的合法性，为今后措施的实行提供法律支持、预留空间。面对飞速发展的汽车时代，浙江省城市谨慎使用控制汽车保有量增长方法。目前可采用以疏导为主的经济、法律、社会协商等手段，加大用车成本，引导理性用车，进一步调控城市核心区和中心区域的交通流。

五　强化社会参与，着力提升交通决策开放水平

探索建立治堵畅通理论研究合作机制。建立全省城市道路交通管理专家库，加强交通实务工作者与省内外相关高校、交通科研规划院所的合作，以课题和项目为纽带，开展经常性研讨交流，为科学制定城市道路交通政策提供智力支撑。

探索建立公共交通咨询评估制度。成立由政府、学界、第三方机构、市民代表组成的“公共交通咨询委”，审核评估公交系统内所有硬件设施和人员管理、公共交通建设投资和收入核算，强化制度性约束与监督，改革目前交通资源配置与管理“自己决策、自己投资、自己管理、自己评价”的流程，全面更新决策与管理模式。

探索建立交通违法信用登记制度。建立交通违法行为信用库，对被开具罚单和接受处罚的交通违法行为，违章记录永久性存入个人社会安全档案中，作为个人求职、晋升、信贷、保险等方面的重要参考，提高交通违法成本，加大对交通违法行为的制约性和威慑力。

建立交通法规宣传教育普及机制。统一制定领导干部、公务员、青少年、新居民、企业经营管理人员和职工六类重点人群交通法规学习培训规划，分类指导，因人施教，切实拓宽交通法规宣传教育的普及面。深入开展交通法规宣传教育进学校、社区、企业、机关、乡村等活动，既依托广播、电视、报纸等传统大众媒体用好老办法，又利用普法网站、微博、微信、户外电子广告、公交车车载电视等新兴媒体用活新办法，运用群众喜闻乐见的多种形式，提升交通法规宣传教育的实效性，从而切实提高全体公民遵守交通法规的自觉性和紧迫性。

（该文于 2014 年被李强省长批示）

杭州交通管理的核心问题

政管学院　　吴伟强

【提要】交通治堵是当前市委、市政府着重推进的城市四治问题之一，也是人民群众诉求较强烈的热点问题之一。近期，由市委政研室、杭州改革发展研究院委托浙江工业大学区域发展研究所所长吴伟强教授带领的课题组对杭州城市交通治堵问题开展了跟踪评估，形成了较为科学、客观的评价报告。报告在肯定成绩的同时，也指出了城市交通治堵在城市路网架构、道路交通组织和管理、交通管理体制改革、静态交通等方面的问题，并提出了如何改进杭州城市路网架构、提升道路交通组织与管理、推进交通管理体制改革的合理性对策举措。

一　体制改革是提高杭州交通管理水平的根本出路

城市交通拥堵治理是一个庞大的系统性、动态性工程，牵涉面广，涵盖部门多。2013 年以来，杭州市各级各部门在全面实施治理交通拥堵工作方面行动迅速、措施得力、目标明确、成效明显，形成了上下联动、部门协同、社会参与的良好局面。特别是 2014 年在推行了全市小客车限购、错峰限行、停车收费差别化等一系列治堵举措后，杭州城市交通拥堵治理成效显著：道路服务水平提升，道路拥堵里程减少，高峰持续时间缩短，路网行程车速上升，城区整体流量下降，常态堵点有所改善。然而，杭州现行交通管理体制总体上仍存在多头管理、协调性差、效率低下等问题，对城市治堵造成了一定影响。因此，急需将交通管理体制改革提上议事日程。

（一）交通管理者是城市交通管理的核心要素

城市交通拥堵是长期以来各种缺陷积患所致，究其根源，不外乎规划、建设、管理、人的素质四个方面的缺陷，四者本质上都是管理的问题。目前，杭州交通管理工作存在短期性、碎片化、盲目性，缺乏前瞻性、系统性、整体性等问题，甚至存在违背基本交通原理的现象。因此，治堵首先要从治理管理者自身开始。

道路交通管理包括“人、车、路”三要素（图1），处理好“人、车、路”三者之间的关系是交通管理的核心问题。但这三要素分解后牵涉几十种交通要素，涵盖诸多管理部门，如果这些管理部门协调不一致，相互打架，甚至形成内耗，管理效益必然大打折扣，甚至可能出现反作用。这也是造成杭州近年来在治理交通拥堵上投入大量的人力物力资源，但成效不明显，形成“边堵边治、边治边堵、越治越堵”怪圈的原因所在。

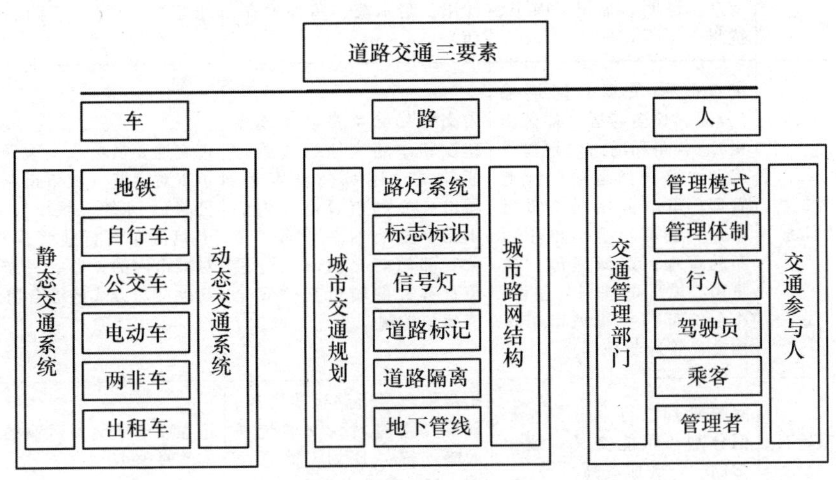

图1　道路交通三要素

（二）杭州交通管理体制的现状

目前，我国中心城市的交通管理体制大体可以分为三种模式：分散式管理、道路运输统一管理和综合管理（表1）。杭州交通管理模式为典型的分散式管理，这种管理体制的特点是管理部门众多，包括具有综合交通管理职能的部门，如市交通局、建委、规划局、城管委、交通警察局等，以及市城投集团、市交投集团、市公交集团、市地铁集团、市运河集团等具有综合交通基础建设、运输经营及投融资职能的国有企业。管理主体多元导致职能交叉重叠、边界不清、协调性差、决策趋于分散化。在实际工作中，这些部门由于受制于各自价值取向、利益分配机制和考核机制，作出的决策往往不能相互支撑，甚至矛盾，协调难度大，难以形成合力。在这样的背景下，作为协调部门的治堵办虽然整合了多个职能部门，但只能以考核指标统领，难以协调各部门的不同利益，更不可能建构一体化管理交通体系。

表 1　　我国中心城市交通管理体制的三种模式

类别	分散式管理模式	道路运输统一管理模式	综合管理模式
体制	交通、城建、市政、公安等部门对交通实施交叉管理	城乡道路运输一体化管理	"一城一交"综合交通管理
城市	南京、昆明、福州、南宁、杭州	沈阳、哈尔滨、乌鲁木齐、西宁	北京、上海、广州、重庆、深圳、武汉
管理机构及职责	市交通局负责公路运输（货运、长途客运、郊区出租）、公路和场站规划建设以及水路交通运输的行业管理；市政公用局负责城市公交和城市客运出租汽车的管理；市城建部门负责中心城区的规划与建设；市公安部门负责城市市区内交通管理与控制	市交通局除负责公路规划建设和水路交通运输管理职能外，还对公路客运、城市公交和市域范围内的出租车进行统一管理；市公安部门与交通部门分别负责有关的城市交通安全管理与控制	市交通委员会或交通局除负责对道路（城市道路和公路）、水路、城市公交、出租汽车的行业管理外，对城市内的铁路、民航等其他交通方式的综合协调
典型特征	多家管理、行业分割、部门分割、职能交叉、政出多门、行政成本高	初步整合了道路运输资源，但不具备对城乡交通统一战略、统一规划、同意决策和统一建设的职能	正在朝形成交通运输的综合管理努力

（三）深化杭州交通管理体制改革的几点建议

1. 设立"杭州市交通管理委员会"。以"一体化交通管理体制"为改革目标，整合现有交通管理机构，建立与交通行业发展相适应的统一、高效、有序、协调的大交通管理体制，解决目前公共交通领域多头管理问题。建议借鉴先进城市做法，尽快建立"杭州市交通管理委员会"，以统一城乡交通规划、统一交通基础设施建设、统一市场准入条件、统一交通税费政策、统一执法管理尺度、统一公交服务标准。

2. 组建“杭州市交通管理专家委员会”。为提高“杭州市交通管理委员会”决策的科学性，建议成立“杭州市交通管理专家委员会”。委员会成员可由政府官员、专家、行业协会、职能部门代表、市民代表等组成，为“杭州市交通管理委员会”提供决策咨询服务。同时，赋予“杭州市交通管理专家委员会”质询权和否决权，从而改变目前职能部门“自己决策、自己投资、自己管理、自己评价”的决策模式。

3. 建立公共交通市场化运作机制。打破杭州市公交市场独家经营的现状，按照“多家经营、有序竞争”原则，培育若干公交营运主体，形成公交市场多家营运企业参与适度竞争的市场格局。实施公交企业产权股份制改造，采取合资、合作、参股、兼并等多种形式，广泛吸纳民间资本、外国资本，实现公交产权多元化。通过市场的适度竞争，优化配置企业内外资源，盘活现有资产存量，扩大企业资产增量，在提高社会效益的同时，提高企业的经济效益，不断做大做强公交企业。

4. 推进公共交通资源优化配置。公共交通直接关系到社会公共利益，必须对其有限公共资源进行优化配置。建立公交行业特许经营制度，由公交行政主管部门授予从事公交营运企业在一定时间和范围内的公交经营权力。对现有公交营运企业和新设立公交企业均应实施特许经营。公交营运线路是城市公共产品，公交线路的设置权、经营招标权应从公交企业中剥离出来，重新归属于政府。市公交行政主管部门要借鉴国内外公交行业的先进经验，遵循“统筹规划、有序竞争、协调发展”的原则，合理调整、优化现有公交营运线网，通过线路经营权招投标等市场手段，适当引入多种经济成分和适当参与企业竞争，打破公交线路终身经营制，形成多元投入、适度竞争、公平经营、优胜劣汰的机制。

二　优化杭州路网架构的建议

良好的路网架构是城市道路交通建设管理的重要基础。它至少包含三个部分：一是完整的“交通走廊”，承担大流量、集中、长距离交通流；二是合理的“道路等级结构”，快速路/主干道/次干道/支小路的配比呈金字塔形，以次干道和支小路为主承接分散、短距离、到达性交通流；三是依托“交通走廊”，建设“公交走廊”，承载主要的公共交通客流。杭州交通治堵10多年来，对道路建设进行了大量投资，但路网架构不健全、不合理问题仍然存在，急需优化。

（一）杭州路网架构的缺陷

1. 交通走廊不成形，高效廊道明显不足。交通走廊是连接城市主要资源要素和人口集聚地，汇集分散、零星的城市交通流，主要解决中长距离通过性交通的相对封闭的道路网络。目前杭州交通走廊系统存在明显缺陷。一是快速路数量明显不足。杭州核心区人口密度现已超过1.7万人/平方公里，接近国际最高水平，但快速路数量与国家规范要求（0.4—0.5 km/km^2）差距在一倍以上。同时，副城、组团功能配套不完整，主城与副城、组团之间没有良好的快速通道对接，职住分离问题较为严重。二是快速路未发挥应有功能。数量不足的快速路还不成体系，独立性和封闭性差，道路两侧用地和出入口控制不当，多数快速路名不副实。如南北方向的上塘—中河高架是杭州最拥堵的道路，秋石高架尚未全线贯通；东西方向的德胜高架和石大快速路没有以连续高架方式贯通城西；绕城公路收费后导致大量通过性交通流挤压到城区道路；地铁与其他道路的连接也不顺畅。

2. 道路等级结构比例不合理，分流功能不佳。杭州城市道路等级结构较为不合理。一是路网密度偏低。2011年杭州平均路网密度5.21 km/km^2，与国际先进城市10—15 km/km^2相去甚远。二是支小路分流功能差。杭州的城市规划采用了落后的“大街区、宽马路”模式，次干道和支小路严重不足，国家规范的快速路、主干道、次干道、支路之比是0.5∶1.2∶1.4∶4.0，而杭州实际比是0.18∶1.23∶0.46∶3.71。此外，小区封闭化管理使得小区内部原有的支小路功能散失殆尽，加上过量的路面停车，支小路细化分流的功能极差。

3. 道路同质化严重，不同性质交通流混杂。杭州路网层次含糊不清，主要表现在：一是机动车流平面混杂。顶层的交通走廊不成系统，缺少“大流量、高效率、大通道”的“主动脉”，末端的支小路严重不足，“毛细血管”严重堵塞。上下挤压的结果造成核心区内的主干道，既要承担快速路的任务，又要承担次干道和支小路的任务，通过性交通和到达性交通、中长距离交通和短距离交通交织，纠缠不清。二是人车分流设施落后。立体化交通是世界城市交通的通用模式，也是实现交通流分离的必要手段。但杭州立体化交通建设进程缓慢。2013年，杭州市老城区人行立体过街设施才49处。究其根源，主要是2007年杭州市出台了《人行过街设施建设标准》，以立体交通影响城市美观为理由，主张“平面过街设施”，并写入了2008年浙江省工程建筑标准《城市道路人行过街设施规划与设计规范》，导致了立体化交通建设受阻。这样的思路也一直延续到地铁建设中。

4. 公交走廊基本缺失，公交专用道效率低下。杭州轨道交通建设严重滞后，过于倚重路面公交车。而公交专用道建设，在完成考核指标的压力下，缺乏系统规划和科学设计，主要表现在：一是追求数量“大跃进”。杭州市现已建成270公里公交专用道，公交专用道里程数占公交线网长度已达23.6%，远远超过公交分担率，也大大高于国外城市，如巴黎为5.9%，慕尼黑为14.6%，米兰为13.0%，马德里为4.0%，哥本哈根为0.2%。二是建设方法“一刀切”。没有根据交通流、客流、城市空间布局和城市要素布局设计骨干公交网络，只是在原有道路上“嵌入”一个专用通道系统，导致专用道的系统性、整体性、连续性、循环性和独立性都比较差。三是设置方法不科学。普遍采取“外侧式”形式，路段、路口设置方式千篇一律，明显违反国家规范的设置方式。如不少公交专用道设置在饱和度已经超过1.0的道路上（国际通行做法是道路饱和度≥0.8时不适合设置公交专用道），或设置在不符合条件的单向2车道上（如浣纱路、中河路9.8公里、古墩路等）。据调查，杭州41.66%公交专用道上的公交车平均时速低于非公交专用道。四是公交换乘停车系统建设不得力。2008年，杭州市规划局编制完成《杭州市换乘枢纽规划（2007—2020年）》，将建门户型、集散型和换乘型三大类，至今建设速度缓慢，且建成的停车场由于收费和管理问题，难以发挥良好的作用。

（二）优化杭州路网架构的建议

1. 改变规划思路，疏散核心城区资源。改变“单中心结构”的规划模式，以都市圈、组团式建设为引领，将医院、学校、行政机构等城市“堵点”分散布局，以资源逐步扩展带动人口扩散，最终形成多中心城镇格局。

2. 引入交通走廊理念，以交通规划引领城市规划。一是交通规划要先于城市规划。交通是城市的先导，应以交通建设特别是公共交通为纽带和导向推进城市建设。二是在建设骨干网络中强化交通走廊概念。交通走廊沿线土地开发围绕高速公路进出口、轨道交通车站，呈圈层式进行，形成以轨道交通与汽车快速道为干线、城市均衡向外扩展的形态和空间结构。公交走廊建设应以交通走廊为依托，进行系统设计，相对独立、适当封闭、减少干扰。三是改造现有路网。尽快完成副城、卫星城、组团之间快速路和快速公交对接。依照交通廊道构想对现有路网系统进行适当调整和改造，形成贯通城市、循环的快速路网。

3. 高度重视支小路建设，疏通分流系统。一是地块建设分散化。应放弃"大街区、宽马路"规划模式，在大块土地出让时强制性规定支小路比例。二是恢复现有支小路功能。改变当前小区封闭化管理模式，以停车库、停车楼取代支小路路面停车。

4. 重新梳理现有路网，分解不同性质交通流。一是对现有路网实施分层。及时理清杭州市不同时段、不同区域交通流特性，找出规律，并依托现有路网，将不同性质交通流分解到不同道路上。二是大力推进立体交通建设。要及早谋划，统一布局，大规模改造城市慢行系统，特别是在交叉路口，应更多让行人"上天（桥）入地（道）"。同时，以有机连接过街天桥、大厦二层走廊及各种零售店、地铁站、公交站点和其他活动场所的方式，形成一个四通八达的空中步行体系。

三　提高杭州道路交通组织与管理水平的建议

当前，杭州主城区道路交通组织与管理面临两大主要难题，一是杭州虽推出了限牌政策，但主城区机动车保有量仍继续增长，限牌只是控制了增长速度，但也将机动车保有量平台期的时间推迟，道路末端交通组织与管理的压力依然存在。二是杭州路网架构存在严重缺陷，短期内不可能得到根本性解决，道路末端交通组织与管理的压力更大。

（一）当前杭州道路交通组织与管理存在的主要问题

据我们调查显示，48.95%的市民认为交通拥堵情况有较大的改进空间，超过50%的市民认为"政府在交通管理方面没有做好自己的角色"。因此，如何提高交通管理者的组织管理水平是当前和今后一个时期杭州交通拥堵治理工作中的重要问题。

1. 交通管理理念与方法滞后。与国际先进城市相比，杭州在城市交通管理理念和方法方面较为落后，主要表现在：一是轻顶层、重末端。交通组织管理中最为重要的是对城市规划、路网结构、交通走廊做良好的顶层设计，辅之以道路末端对交通流的疏导，保障其连续性。但杭州城市交通管理和交通拥堵整治中，顶层设计存在的弊端长期得不到解决，过于偏重末端管理，期望以道路交通组织与管理，化解城市规划、路网结构、交通走廊的缺陷所积累的负面效应，导致末端压力日趋加大。二是轻效率、重安全。在顶层设计不合理的背景下，道路交通组织与管理应以保障交通效率为目标。但是管理理念却偏离了这一目标，片面地理解安全与效率的关系，将效率和安全对立，以安全取代效率，追求低效率的安全。三是轻流畅、重有序。在管理方法上，把安全与“有序”相等同，追求“堵而有序”，比如信号灯设置繁复无度，配置机械单一；隔离带拆而复建，城市道路过度隔离；道路标记线变化多端；交通标志设置违反常规；斑马线遍地开花；过度精细化而忽视整体性；对交通参与人非公平对待；等等。

2. 公交优先战略实施效果不佳。2004 年杭州市在全国率先推出了“公交优先”战略。10 年来，公交优先战略虽取得了一定的成绩，但效果仍然欠佳，主要表现在：一是公交出行分担率提高不明显。据课题组测算，2010 年，杭州市公交出行分担率为 17.06%，2012 年仅为 20% 左右。而欧美国家的大城市公共交通分担率都达 40%—60%，如伦敦公共交通出行占比达 72%，东京高达 80% 左右，差距较大。二是公交车速趋缓。2006—2010 年，杭州公交车平峰时间车速下降 29.4%，仅为 12 公里/小时；高峰期车速下降 50%。2011—2012 年，平均车速下降 43%。目前，杭州市区高峰期公交车平均车速仅为 9 公里/小时，极端情况下，只有 5 公里/小时，相当于步行速度。据课题组抽样调查显示，对杭州公交予以肯定性评价的市民仅占 23%。三是“公交优先”方法失当。杭州优先发展公共交通，主要从增加公交专用道、提高车站密度、加大公交站点体量、提升公交车品质等方面着手，却忽略了线路优化和科学调度。2012 年，杭州建设 BRT 车道已达 91.7 公里，比 2011 年增加 27.4%，但 BRT 日均客运量仅增加了 9.5%。同样，2012 年，普通公交专用道建设已达 144.4 公里，而公交总客运量仅增加了 2.3%。截至目前，杭州各类公交专用道建设已达 270 公里，排名世界各大城市前列，甚至比目前公交优先做得最好的城市库里提巴还要多。

3. 交通管理政策未达到预期效果。一是停车收费政策未能起到解决停车难问题的作用。由于当前杭州市区停车位与汽车保有量的缺口越来越大，停车位成为稀缺资源，2014 年开始实施的停车收费新政，价格调整对资源配置的作用较为有限，且新的收费方法未考虑刚性需求和弹性需求的关系，未能真正起到调控交通流的作用。二是限牌措施效果有限。实施限牌新政后，由于号牌中签率低，竞价价格高，导致不少市民到外地购车，无形中对杭州汽车消费市场产生了负面影响。同时，据我们调查，杭州4S店2014年10月的销售量已经恢复到限牌前的70%以上，说明每年8万辆新增车车牌的70%可能为主城区市民购买。以上各种因素累加，可以推断，限牌政策对控制汽车保有量的快速增长有一定遏制作用，但不能完全控制。

（二）提高杭州市道路交通组织与管理水平的建议

1. 树立科学的管理理念。一是要遵循交通连续原则、交通分离原则、交通流量均分原则、交通总量削减原则、优先权原则，处理好“人、车、路”的关系。以科学合理的理念引导交通组织管理工作，纠正目前不科学的做法，如信号灯系统设置“红波带”、交通道路过度隔离、将公交优先片面理解为公交车优先等。二是要按照简约理念简化交通设施配置。遵循国际城市建设与管理的通例，走简约主义路线，抑制无度的投资建设，减少不合理交通设施和管理方式对交通的干扰和延误。三是改变机械单一的管理理念。要以疏导决策为基本准则，改变大规模、“一刀切”、运动式的管理方法和机械化、简单式的管理模式，运用最新智能化技术进行科学灵活管理，提高交通效率。

2. 完善智能交通系统。当前，各发达国家城市均采用高新技术来改造现有道路运输体系及其管理方式，建立起智能交通系统ITS。杭州市的城市智能交通系统，重监控、重处罚，轻调节、轻疏导，导致违法处罚数量持续上升，而巨额投资建设的SCATS系统基本没发挥作用，偏离了智能系统的基本职能。因此，必须改变目前的非科学性，建立一个集交通控制中心、交通管理中心、数据处理中心、路面探测器、智能信号灯系统、收费系统、违法监控系统和交通诱导系统于一体的智能交通系统。同时，积极探索大数据在管理决策中的运用。

3. 强化考核监督的导向作用。一是修正考核指标。目前杭州市对交通管理的考核评价过于偏向安全指标，导致杭州的交通组织管理者在管理过程中以安全取代效率，以有序等同通畅。应逐步修正现有的考核方法，均衡安全与效率，将效率指标纳入考评体系。二是加强监督。在对杭州城市道路交通各种资源配置及交通管理方式科学性、合理性进行评价的基础上，尽快组建由政府、学界、第三方机构、市民组成的评估机构，全方位考察、研究现有的资源配置与管理方法，并作出客观评价，全面更新决策与管理模式。

4. 优化公交优先相关举措。一是在中心区优先发展公共交通网络。引导市民在老城区首选地铁、公交车作为主要交通工具，适当鼓励小汽车出行，推动城市空间有序扩展。二是调整公交专用道设置。改变目前公交专用道靠左设置的低效现状，尽可能采用中央式公交专用道设置。三是提升公交管理服务品质。调整优化公交线网和站点布局，提升公交车日常运营调度管理水平，加强公交车辆司乘人员服务品质建设，提高乘客满意度。

〔该文于 2014 年被龚正（省委常委、杭州市委书记）批示、市委采纳〕

杭州限牌折射的城市交通管理决策难题

政管学院　　吴伟强　吴安琪

【提要】本报告以数据化的方式呈现了杭州交通拥堵的水平，以及造成杭州交通拥堵的根源。笔者认为，管理不当才是导致交通拥堵的根本原因，管理不当甚至是添堵的因素。提高城市交通效率需从管理入手，倡导简约主义，消除“平庸之恶”，是纠正错误管理理念和方法的基本立足点。

交通拥堵不仅仅是一个交通问题，它还影响了城市的品质和市民的生活品质，降低了城市的竞争力，危及城市可持续发展，是一个严重的社会问题。城市交通拥堵如果长期得不到根治，也影响政府的公信力。杭州市政府推出小客车总量调控管理政策，对改善大气质量、缓解交通拥堵有积极的意义。但政策制定过程中出现的些许纷扰，也值得我们关注。

一　行政与法律的匹配性

按照中央“法无授权不可为”的精神，城市交通管理的任何决策都应该有充分的法律依据，否则就会遭受合法性的质疑，应此要坚持立法优先。《杭州市小客车总量调控管理政策》的法律依据的是《浙江省机动车排气污染防治条例》中的第十一条，遵循了中央“法无授权不可为”的行政准则。限牌方案征求意见稿中一些实施细则的规定，也遵循了基本的法理，特别是均衡性和公平性的问题，比如单位车辆和私人车辆一起受限、一手车和二手车区别对待、已购车辆者和未购车辆者的差异化问题、摇号和竞价并行、限牌和限行同步实施，等等。特别值得肯定的是，该方案的设计，沿袭了法律规范的严密性和逻辑一致性，尽可能避免出现政策漏洞。比如，少数市民试图用囤积车牌的方式牟利，对于这种投机性的行为，限牌方案明确规定“工商部门会同贸易部门于 2014 年 3 月 26 日以前对各二手车交易市场 2014 年 3 月 26 日零时前二手存量小客车进行盘点”，也就是说 2014 年 3 月 26 日零时前已经投入交易过程而未完成交易的二手车才可以免除购车指标进行正常交易，这就封杀了囤积居奇谋取利益的途径。

但不可否认，目前城市交通管理还缺乏完善的法律支撑。突出的问题有两个，第一是法律空白尚存，第二是地方性条例法规与上位法存在冲突。比如，对杭州限牌的质疑之一就是：公交分担率仅为 20% 左右，公共交通系统难以承载城市主要交通流，为何以限牌方式抑制私人交通？实施多年的公交优先战略，并没有使公共交通的服务质量达到市民满意的水平。根源之一，是目前还没有公共交通法，公交优先的诸多措施因缺乏法律保障，难以实施。再如，杭州主城区 150 万辆电动车 90% 以上都属超标，使用过程中违法比例不低。对此，尚无明确的法律规范加以约束。因此，强化立法成为头等大事。而对于地方性条例法规与上位法存在冲突，相关部门应对此审慎思考，及时提出修改建议，避免对法律冲突的滞缓反应。唯其如此，才能制订科学规划，完善城市交通体系，推进体制改革，尽早改变分散式交通管理模式，强化部门协调性，加大政府投入，加强对公交部门监督审计和绩效考核，将提高城市通行效率纳入治堵的目标任务管理中。

二　控制和建设的均衡性

城市交通是一个庞大和复杂的动态系统，道路交通管理的基本要素是“人”“车”“路”。不可否认，杭州在这几个方面尚待改进和提升。就道路系统而言，杭州的路网架构不够完整，交通廊道系统性缺失，公交走廊远未建成，路网结构比例颠倒（支小路严重不足，小区的封闭化管理消解了支小路的功能），道路同质化严重。就道路交通组织与管理而言，违背交通管理基本原理的交通设施配置和管理方式或多或少地存在，比如信号灯、标志标识、隔离设施设置的合理性有待提高，智能交通系统的科学性有待加强。就“人”这一因素而言，交通管理者以及交通参与人的素质也有待提高。正是因为这些缺陷长期得不到解决，杭州不得已走向限牌之路。而限行和限牌主要是针对“车”这一要素，而且仅仅是抑制汽车保有量过于快速地增长以及过高的使用率和上路率。要提高城市交通效率，还需要针对道路的缺陷以及交通参与人的缺陷，进一步提高规划、建设、管理水平。因此，在限牌方案中，或在限牌方案之外，对限牌方案实施后交通管理的后续措施就应该有良好的设计和交代。

特别需要指出的是，杭州城市交通拥堵的根源之一，就是过分依赖私人交通，公共交通供给不足。根据世界惯例，100 万人以上的大城市，缓解城市交通拥堵的良好方法是发展地铁系统，而杭州目前建成的地铁只有 50 公里的 1 号线，2 号线处于建设过程中，要形成循环的地铁系统更有待时日。而交通拥堵的加剧，势必影响地铁等公共交通系统的建设和发展。由于限制了机动车保有量的无节制增长，加之限行方案的升级，在一定时期内，可以延缓城市交通拥堵的加剧速度，这就为城市交通设施的建设赢取了时间和空间。但是，限牌之后，私人交通受到制约，政府就应该引导市民对公共交通有良好的预期，这就需要严密设计更新版的公共交通规划、建设和管理水平提升的方案，而不能期望用一如惯常的公共交通发展模式，给市民以良好的期待。做同样的事情，却希望不同的结果发生，这显然是不现实的。

总之，限牌，是缓解城市交通拥堵的方法之一。提高城市交通的效率，不能仅仅靠限牌和限行。交通管理部门应抓住限牌和限行升级这一契机，像严密设计限牌方案一样，系统性优化规划、建设和管理系统。唯其如此，城市交通拥堵这一顽疾，才能真正得到根治。最需要避免的倾向是：沉溺于限牌和限行所带来的喘息机会，忘却了科学化管理这一根本。

三　开放和封闭的协调性

城市交通管理的决策，涉及每个市民的利益，属于重要的公共决策，应坚持开放性原则，让市民积极参与到决策过程中。市民的参与，既可以减少决策可能出现的偏差，同时也可以增加市民的认同感，为即将推行的决策起到鸣锣开道的作用。但是，不可否认，某些公共决策的性质决定了其具有封闭性的需要和特征。限牌这样的公共政策，具有高度的时间敏感性，如果信息过早公开，就会导致知情者提前作出反应，疯狂抢购汽车，乃至囤积居奇。这就会大大消解公共政策的正面效应。但如果将公众排除在外，“秘密决策”，听证、论证等民主决策程序付之阙如，政府公信力与公众知情权一同因此而受到伤害。如何协调此类特殊决策的开放性和封闭性的关系，是政府需要破解的重大难题。我们认为，具有高度敏感性的公共决策，在决策过程中，以一个比较长的时间，营造氛围，正面导向，让民众提前自觉融入到决策价值趋向中，是一个比较好的方法。这样，决策实施的过程中也会形成合力。

四 组织与个人的一致性

公共决策过程中，对于公众的知情权，应有适当的关切和回应，而决策作出后，则应该在第一时间公布信息。对于杭州限牌这一公共决策过程的信息披露，作者不认为市政府有“不断辟谣，突然袭击”之嫌。市民和媒体对来自各方信息的解读，之所以得出“不断辟谣，突然袭击”的结论，原因有二：一是职能部门和市政府的非对称性，职能部门乃至职能部门的负责人，事实上无权代表市政府（除非经过授权），但职能部门负责人或内部相关人员发表的个人观点，容易让人误以为代表了政府的观点。二是对信息解读的非对称性，“至今没收到限牌的决定，也没做过相关的研究”这样的言论或许是真实的，但由于发言者的身份特殊，很容易让市民误认为是对限牌的一种否定。此二类非对称性引发的问题的焦点，在于发布相关言论者的角色。因此，对于重大的公共决策，特别是具有高度时间敏感性的公共决策，或者是需要适当封闭的公共决策，政府必须完善新闻发言人制度，以单一的口径发布信息。此外，政府职能部门的负责人和工作人员，应该充分注意自身身份的特殊性，慎言政府决策，更不应该随意评论和发表个人观点。

（该文于2014年被张鸿铭市长批示、市政府采纳）

管理，莫为杭州添堵

政管学院　　吴安琪　吴伟强

【提要】本报告以数据化的方式呈现了杭州交通拥堵的水平，以及造成杭州交通拥堵的根源。笔者认为，管理不当才是导致交通拥堵的根本原因，管理不当甚至是添堵的因素。提高城市交通效率需从管理入手，倡导简约主义，消除“平庸之恶”，是纠正错误管理理念和方法的基本立足点。

一　杭州何其堵

杭州是全国最为拥堵的城市之一。主城区内 24 小时小车时速 20.3 公里，早、晚高峰小车时速为 15 公里左右，公交车时速仅 9 公里。对照《城市道路交通拥堵评价指标体系》中的“高峰时段建成区主干道平均车速分级表”，交通评级在 4 级到 5 级之间（5 级为最拥堵的级别）。市民上班（上学）路上平均花费的时间约为 48 分钟，拥堵耗时平均约为 19 分钟，延误率高达 39.58%。95.79% 的受访者评价杭州交通为“拥堵”，无一人认为交通通畅。高达 84.74% 的受访者认为交通拥堵已经降低了生活品质。

二　杭州为何堵

拥堵之源，来自对规划、建设、道路、车辆、交通参与人的管理不当。杭州交通管理的缺陷主要表现在以下几个方面。

（一）道路网级配比严重颠倒

大城市合理的“道路网级配比”应为：主干路网∶次干路网∶支路

网 =1∶2∶3.8，呈金字塔结构。杭州的快速路网∶主干路网∶次干路网∶支路网为 0.54∶1.07∶0.97∶0.55 = 1∶1.98∶1.80∶1.02，道路网级配比颠倒。建设部《城市道路交通规划设计规范》（GB 50220—95）规定，人口 200 万以上大城市的支路网密度指标为 3—4 km/km^2。杭州市主城区支路网的密度仅为 1.167 km/km^2。交通流量过于集中在主干路网，支路网难以发挥应有的交通集散、分流作用。

（二）信号灯配置过于繁复

杭州道路格局以方格网为基础，路口多且大多为十字交叉形，易引起车流冲突。管理部门应着力维系路口交通流的连续性，否则，各个拥堵的路口就是道路交通的"短板"，且容易引发"蝴蝶效应"。然而，有关管理部门对路口的管理越来越依赖硬件设施，设置方式存在明显的不合理，导致车辆长时间滞缓、排队等候和"打结"。（1）密度惊人。多数道路的信号灯设置平均间距为 223.35 米，平均每公里 5.56 组信号灯。辅助信号灯有增无减，大有在每处人行横道线设置信号灯的态势。高架出入口也加装了信号灯。（2）格局烦琐。路口信号灯系统的典型分组模式是：细分为人行、非机动车、机动车等不同类型信号灯。多数信号灯为三个相位，逐一变换组别和相位，引导车辆分行，周期变换缓慢。一些车流稀少的道路也不例外。无视道路、车流及其他条件的差异性，普遍设置了箭头灯，令机动车分道行驶，在无冲突情况下无谓等候通行信号，增加了交通延误。（3）运行机械。从澳大利亚引进的 SCATS 信号控制系统，并没有被智能化地运用，没有真正采用实时运行模式，没有根据交通流量的变化调整信号配时。多数交通信号灯，运行过程机械刻板，不分交通流量实际情况，不分时段，固定按照预先设定的程序施放信号。辅助信号灯 24 小时不间断地按照固定程序运行，造成机动车无谓等待和延误。

（三）道路标记线背离基本原理

一些繁忙的主干道上，十字路口两侧的车道数不对称，"多变少"和"少变多"的现象随处可见。道路标记线将直行道路内的行车路线扭曲为"S"形，导致车辆滞缓、停留、拥堵，也容易因车辆换道引发违章驾驶和交通事故。道路标记线划定公交车的行驶路线：时而直行其他车道混合，时而拐入公交车专用道，硕大的车身左右扭动着，形成不少堵点。

（四）人行横道线遍地开花

《城市道路交通规划设计规范》（GB 50220—95）规定："在城市的主

干路和次干路的路段上，人行横道或过街通道的间距宜为 250—300 米。”据对下城区四条道路的实地调研，按照每条路的平均值计算无一合乎国家规范，间距仅为 201.88 米。

（五）交通管理分散化

我国城市的交通管理体制大体可以分为三种模式：分散式管理、道路运输统一管理和综合管理。杭州的交通管理模式为典型的分散式管理，具有综合交通部分管理职能的部门至少有 15 家，条块分割造成职能、职责交叉明显、行政效率低、管理职能突出但服务功能相对弱化的弊端，在交通管理部门中并未完全消除。

三　杭州交通何处去

据调研，48.95% 的市民认为交通拥堵情况有较大的改进空间，但 35.79% 的受访者认为近年来交通状况并没有改善，38.42% 的受访者认为变得更加糟糕，超过 50% 的市民认为“政府在交通管理方面没有做好自己的角色”。改进管理是提高杭州交通效率的首要条件。

（一）完善指标，倡导效率

对交通资源的配置的评价，至少包含四个方面：安全和效率、资源节约、环境美化与保护、文明行政。但事实上，有关部门在考核上，过于偏向安全指标，在管理上，以安全取代效率，以片面的“有序”等同“通畅”。应修正现有的考核方法，确立科学的考核体系，尽早将效率指标纳入对管理人员的考评。

（二）崇尚简约，摆脱烦琐

杭州交通拥堵的一个重要诱因，是违背了“交通连续”的基本原理，在交通资源的配置与管理上过于繁复，延缓交通流。58.95% 的市民要求合理布局交通设施，减少不必要的重复建设。荷兰曾首创“无红绿灯”城镇试点，希望车辆和行人通过自我约束来“和平共处”。丹麦、德国、英国、比利时等国也有多个城镇和地区取消了红绿灯。自从执行了新制度，交通更加通畅，小城反而没再发生过重大的交通事故，被当地人称为“奇迹”。“少则得、多则惑”，美在于简约而不在于繁复、在于和谐而不在于冲突。过分矫饰、无度重复是一种恶俗。为了实现交通“和谐、文明、畅通、有序”的目标，笔者主张提倡简约主义，从多余、烦琐中解脱出来，达到以少胜多、以简胜繁的效果。

（三）消除平庸，强化监督

相关行政部门在管理方式上机械、死板、固化、程式化，对一些明显的缺陷长期不作改进，偏离了科学性、人性化和灵活性的原则。这种缺乏理性化思考与判断的行为是一种平庸。“平庸”这个看起来让人有安全感的描述词汇，其运行所可能滋生出的恶果“可以毁掉整个世界”，因为它们的貌似安全与隐形无痕。最近在一些人行信号灯区域涂上“行人等候区”，以及设置具有提示语言的LED人行信号，既不能起到良好的作用，又浪费了大量的公共资源。对于此类管理方式，应有足够的“幽暗意识”，时刻警惕人性中的局限性以及由此带来的破坏力。应尽早纠正交通资源的配置与管理部门“自己决策、自己投资、自己管理、自己评价”这种“四位一体”式的决策模式，强化对交通设施投资与管理部门的制度性约束与监督。

（四）纠正错误，立竿见影

应尽早对下城区道路交通各种资源配置及交通管理方式的科学性和合理性进行评价，尽快纠正长期存在的错误投资与管理方式。应由政府、学界、第三方机构、市民组成评估机构，全方位考察、研究现有的资源配置与管理方法，并作出客观评价，在此基础上，全面更新决策与管理模式。

（该文于2014年被张鸿铭市长批示、市政府采纳）

杭州出租车管理的若干问题

政管学院　　吴伟强　吴安琪　郑思佳　高雪峰

【提要】本研究报告是在对杭州传统出租车系统全面调研的基础上，通过国内外城市的比较研究，提出杭州传统出租车改革应关注的几个核心问题，分别是：坚持统一管理；改革准入制度；取消挂靠；优化服务。同时较有预见性地提出了出租车智能化服务的建议。

一　出租车出行的基本情况

出租车占出行比重较高且趋升，对交通治堵有一定作用。

1. 2014 年 2200 份问卷。（1）出租车占出行比例为 4.96%，略高于 2012 年度和 2013 年度的统计数据，说明在地铁 1 号线开通之后，市民对出租车需求依然不降反升。（2）6001 元以上收入人群出租车出行占 12.4%；6000 元以下收入人群出租车出行占 6.4%；学生选择出租车出行的占 1.48%。（3）出行距离 4 公里以上乘小车（含出租车）的占 94.2%，出行距离 10—15 公里乘小车（含出租车）的比例最高，为 32%。

2. 2013 年 4000 个样本调查。（1）因交通拥堵改乘出租车的占 17%。（2）认为“增加出租车是解决城市交通拥堵最好方法”的占 7.3%。

3. 出租车和私家车的替代关系。研究表明，出租车拥有量增加 0.169%，私家车拥有量下降 1%。

二 市民对出租车服务水平的满意度不高

2013 年 4000 个样本调查结果显示：（1）满意度低。很满意占 6.65%，满意占 33.16%，不满意占 45.17%，很不满意占 15.02%。负面评价占 60.19%。（2）打车不方便。经常打不到车占 36%，偶尔打不到车占 56%，打车很方便占 8%。（3）管理水平不高。18.6% 的市民最关心出租车管理问题。认为治堵做得最好的，选出租车管理为 2%，做得最不好的，选出租车管理占 8%。8% 的市民认为治堵最应该治理出租车。

三 杭州市出租车的总量需要调整

理论研究和世界各国的经验表明，出租车应实施总量控制，主要是准入制度和许可证。

1. 数量下限。建设部《城市道路交通规划设计规范》（GB 50220—95）给出的出租车拥有量的下限，大城市出租车的规划拥有量为每千人不少于 2 辆的要求。

2. 数量上限。有以下一些方法：（1）完整测算模型。以里程利用率（满载率）为核心指标，以电调供车率、重要站点候车时间、驾驶员收入和劳动强度、后备司机供应能力为参考指标的体系，结合城市常住人口和流动人口的出行周转量、GDP、人口密度、公交车数量、收入、第三产业比重、建成区面积、私家车数量、游客数量等指标，建立更细化的出租车总量规模调控方案。（2）简化测算方法。可以通过里程利用率和车辆满载率这两个指标来评判。（3）经验观察。通过控制出租车的满载率实现运力与运量的适当平衡。国际上普遍认为城市出租车空载率维持在 30%—40%，或者满载率控制在 70% 左右比较合理（当出租车载客率低于 70% 时，限制出租车运力增加；高于 70% 时，增加出租车运力）。上海 1996 年开始按照满载率 70%“严格控制”出租车数量，后来，从提高服务质量的角度考虑，把上限调整为 65%。

为了正确判定需求与供给的关系，建议委托研究机构作理论研究和模型分析，作为决策参考。

3. 扩大总量。杭州出租车供给量已经超过国家规范的最低标准，在全球城市中的排名也不低（表 1）。但满载率已经达到 70%，且市民普遍反映打车难，且服务水平不佳，因此应适当增加出租车数量。但考虑各种因素，特别是治堵的难度，一下子增加太多，也未必合适。

建议综合平衡需求量和交通拥堵关系，设定增加量，逐步投入，且最好能控制区域，把增量更多投入到城市周边。可以采取区域投放和区域控制的方式。

表1 若干城市出租车数量

城市	出租车数量（辆）	常住人口数量（万人）	比例（‰）
台北	30771	269.50	11.42
新加坡	28100	543.00	5.17
东京	52299	1332.10	3.93
北京	66646	2114.80	3.15
杭州	9973	356.04	2.80
贵阳	8543	314.87	2.71
香港	18138	721.97	2.51
天津	31940	1472.21	2.17
上海	50600	2415.15	2.10
广州	19943	1118.56	1.78
澳门	1058	62.40	1.70
纽约	13237	840.58	1.57
苏州	5048	546.80	0.93

四 杭州市出租车管理模式需要改进

我国出租车运营模式主要有“北京模式”“上海模式”与“温州模式”（表2）。85%以上城市出租车业的管理模式与北京基本相同。这是典型的“法定垄断”，造成产权和经营权分离，弊病较多。

表 2　　　　**我国出租车主要营运模式**

北京模式	上海模式	温州模式
承包经营模式	公车公营模式	私车私营模式
1. 出租车公司从政府部门获得出租车的经营权； 2. 司机出资购车，承担运营费用，按月给公司上缴管理费	1. 出租车公司从政府获得经营权，并由公司直接出资购买车辆，招聘司机； 2. 司机承担运营费用，按月给公司上缴管理费、车辆折旧和修理费（也有个别公司修理费由司机自理）	个体经营者在拥有车辆产权的基础上，直接从政府获得经营权，自主经营，产权和经营权统一

杭州出租车的营运模式本质上与北京雷同，但更乱。结果是：政府不满意，司机不满意，市民也不满意，利益集团得利，甚至存在官员牟利。建议设立总体目标，逐步改革。

1. 坚持统一管理。出租车行业不宜采取自由主义模式，管制是全球通例。1635 年英国最早实现政府管制，至今，各国政府的规制也在不断强化。杭州应以“管得对、管得有效率、管得公平”的基本理念，在准入限制、数量规制、价格规制、质量规制、市场规制、对服务类型的控制等方面优化政府管制。

2. 改革准入制度。比较理想的方法是：（1）政府归口管理部门设定投放总量，实施许可证管理。（2）放开许可证申请资格。管理部门设定准入资格、审查资格，符合条件的公司和个人，通过拍卖方式获得营运资格证。（3）许可证永久有效，可以转让和租赁。

但就目前而言，应根据杭州的实际情况和历史遗留问题，整合经营模式，减少目前的经营类型，减少营运公司的数量，实现规模化经营。

3. 取消“挂靠”。取得资格证的经营者不存在依附关系。个体经营者独立经营，也可以租让给轮班司机。公司可将车辆租让给司机，司机每周缴纳租让金，保留对车辆的日常控制权。公司与司机之间仅剩下契约关系，公司没有任何管理司机的职能。

4. 优化服务。改变目前过分依赖公司管理的局面，强化政府规制，提供统一的、一体化的服务产品。适度培育第三方机构，加强教育培训，优化出租车电招系统和出租车智能信息系统。

【附】纽约市出租车运管模式

吴伟强 吴安琪

一 自由到管制的发展历程

纽约市出租车每年运送乘客2.4亿人次，是一个年产值达14亿美元的产业。纽约可供出租的车辆为20万，而不是单一依靠出租车。纽约市出租车行业经历了一个由自由主义到政府管制的发展过程，出租车数量也由急剧增长到总量控制（表3）。

表3 纽约市出租车发展历程

年份	数量	管理方法
1923	1.5万	最早大多数是个体经营，后来主要由数家大的出租车公司经营，全现金交易，进入门槛很低
1931	2.1万	车辆过剩，造成交通拥堵、资费大战、司机工资下降和车辆投保不足等不安全甚至非法现象
1937	1.3595万	制定法令，冻结数量，此后的50年甚至更长的时间里，许多城市没有再增发出租车许可证。少数城市，包括首都华盛顿地区对出租车数量完全不作规定
20世纪40年代	1.2万	6800辆公司车辆和5000辆车主驾驶的个体车辆
1971		成立"出租车管理委员会（LTC），统一管理
2014	1.3237万	47484位驾驶员，82%非美国人。分电招车（Limo）和普通出租车（Taxi）两种

二 政府管制的依据

1. 早期的自由竞争并没有带来更好的服务。在市场经济条件下，要想使竞争发挥作用，顾客必须具有货比三家的条件。乘客坐出租车时，货比三家几乎是不可能的：一辆车停下来，乘客很少有机会去评估驾驶员是否熟悉道路，是否能够提供文明服务，是否听得懂英语，更不可能对不同的车辆进行比较再加以选择。以前的打车经历也很难成为下次打车的选择依据。更重要的是，坐出租车的目的在于迅速到达目的地，货比三家获得的收益，也许无法弥补浪费时间而产生的损失。

2. 出租车是一种需求弹性较小的服务。乘客数量一般是恒定的，增加10%的出租车，并不会导致乘客数量也增加10%。车辆增加会带来更大竞争，反而将引起司机收入进一步下降。这样的话，谁还愿意投资购买更好的车呢？可见，废除或者放松总量控制，引入更多车辆使其竞争，并不能解决司机收入太低和工作条件太差的问题，也不能解决出租车服务质量低劣的问题。

3. 纽约市出租车行业营运模式的主要特点。

（1）统一管理。纽约市政府下属的出租车管理委员会（TLC）负责全市出租车管理。目前，该局共有400余人，年预算2000多万美元。管理层由9人组成，只有局长1人是政府支付薪水的官员，其余8人都是社会人士，义务参加管理。出租车管理委员会还负责制定资费标准，给司机和车辆发放资格证，发布司机和车主都必须遵从的规则，每年全面地、严格地检查每一辆出租车达3次之多。车辆每3年更换。

（2）奖章机制（medallion system）。也就是许可证制度（也称车标）。出租车管理委员会（TLC）3—4年才发放一次许可证，每次200—300个，不断上涨。2004年第一季度，纽约市的公司车标价格为28.3万美元，2011年拍卖价格100万美元，现在平均价格70万美元。

（3）市场交易。许可证价格是由买卖双方通过市场自行确立的，官方只对买家的资质进行审查和批准。许可证分个体和公司两种，2004年个体车标为29.26万美元，公司车标为34.44万美元。两种车标都是永久出让的，车标可以转让。拥有者多为投资的公司，司机可以租赁使用。

（4）产权清晰。纽约市既有个体车主，也有出租车公司，前者不需要“挂靠”后者，后者全部为私营企业，两者相安无事。公司以几个月为一个时间段向司机租让车辆，司机每周缴纳租让金，典型的做法是，公司将车辆租让给两个司机，司机每12小时换班一次，换班时间由司机自行安排。保留对车辆的日常控制权。出租车公司没有任何管理司机的职能。车主，无论是公司还是个体户，与只管开车挣钱的司机也没有产权纠纷，车主买车买“标”，司机打工挣钱，在产权方面井水不犯河水。2003年，纽约市有44%的出租车由大的代理行或出租车公司租让给签长期服务合同的司机驾驶，29%的出租车由私人车主亲自驾驶，其余27%的车辆也是个体车，但车主不亲自运营，而是将车辆租让给轮班司机驾驶。

（5）多样化的价格管理。一种是设定最高费率和最低费率，大多数地方则实行固定费率。还以纽约市为例，黄色出租车起步价为2.5美元，起步含1/5英里，以后每1/5英里跳字加0.40美元，高峰时刻（周一到周五下午4—8点）附加费1美元，停车等候每小时24美元。比较便宜的芝加哥则是起步价为2.25美元，起步含1/9英里，以后每1/9英里跳字加0.20美元，没有停车等候费。至于小费一般和上餐馆差不多，15%左右。

（该文于2014年被张鸿铭市长批示、市政府采纳）

限牌，是因为治堵失败

政管学院　羊城晚报　　吴伟强　记者

【提要】本文是作者近10年研究杭州城市交通管理的集成之作，结合交通管理的基本理论，综合性讨论了城市交通管理的一些核心问题。主要有：道路交通管理的基本原理，交通管理的基本要素，交通管理政策，城市交通管理的通病，交通管理决策，交通管理体制，等等，概要性提出了提高城市交通效率的对策。虽是以杭州为立足点，对国内其他城市也有普适性。

吴伟强，浙江工业大学政治与公共管理学院教授，连续10年带领学生研究杭州交通拥堵问题。2013年下半年，浙江省政协副主席带队调研北京、上海、南京及浙江省内各城市的治堵情况，吴伟强主笔撰写了“城市交通拥堵整治工程实施情况”专项集体民主监督总报告，从路网建设、公共交通、静态交通、管理方法和社会参与等方面，提出“综合施策、立体治堵”的方案，主张立足“疏导”整治拥堵。杭州限牌新政，与吴伟强之前治堵建议背道而驰。

在接受《羊城晚报》记者专访时，吴伟强言谈中充满无奈。他说，限牌政策的出台，就标志着杭州多年治堵的失败；而如果把治堵寄托在限牌上，迟早还是要面对失败。

一　与其限牌，不如限行

记者：您如何评价杭州的限牌政策？

吴伟强：这次杭州限牌的目的，一是控制机动车尾气排放量，二是限制机动车增长率。但事实上，《杭州市小客车总量调控管理暂行规定（征求意见稿）》中的诸多条文，与此目标并不完全一致。

首先，这次政策存在区域性溢出的负面效应。杭州限牌政策涵盖整个行政区域，包含5个县市。但杭州郊县的交通并未出现严重的拥堵，大气质量也未恶劣到需要控制机动车数量的程度。即便考虑到对郊县车辆可能过多进入杭州中心城区造成的拥堵，也可以通过采取更严格的尾号限行措施加以调节。主城区的交通拥堵并未“挤出”到各郊县，却让郊县为拥堵的主城区承受代价，不尽合理。

其次，公共部门未起到垂范作用。杭州是国内第六个实施限牌的城市，方案的设计也参照了国内5个城市的实施细则，本应更为优化。杭州的方案，更接近天津和广州的做法，但是比较这3个城市可见，天津规定机关、事业单位不得新增车辆，只能更新，广州虽然规定机关、事业单位可新增车辆，但必须参加摇号或竞价。杭州对于机关和事业单位的车辆指标则完全未纳入机动车总量控制范围。相比之下，杭州的方案极易招来政府机关和事业单位置身事外、自设特权之嫌。

此外，杭州的新政在机动车数量限制方法方面存在漏洞，对传统机动车排放量也未加控制。

记者：您是否赞成限牌？

吴伟强：作为研究者，我不会不看任何前提，简单地“选边站队”，这不是科学的态度。不过，与其限牌，不如限行，这是全世界通行的做法，国外只有新加坡限牌。

二　交通管理，五项原则

记者：但是限牌政策还是出台了。

吴伟强：应该作出一些反思和检讨。但是现在既然政策已经落地，我还是尽我的力量，提出一些建议。市长对我递交的报告也给了批示，表示要亲自调研，说“要加快交通治堵一揽子方案、计划的出台和实施”。

我现在更加关注的是，“后限牌时代”该怎么办。中国城市人口还在不断集中，由于公交系统保障不力，私家车保有量持续上升，单单限牌无法改变这些基本情况。“后限牌时代”我们还是要回到起点，面对治堵，必须纠正之前出现的问题。

交通是个庞大的系统，任何一个因素出问题，都可能产生“蝴蝶效应”，治堵没有“一招鲜”。最需要避免的倾向是：沉溺于限牌和限行所带来的喘息机会，忘却了科学化管理这一根本。

记者：理想状态下，应该如何管理交通？

吴伟强：应该按照交通管理的五大基本原则来管理。一是交通连续，红绿灯、交通标志标识的设置、交警处罚措施都要以交通流顺畅为优先考虑对象；二是流量均分，为了使交通流不过于集中在某一区域和时段，城市中心、副中心、卫星城镇等，需要长期规划；三是减量原则，尽量减少不必要的出行量；四是分离原则，让不同车辆各行其道；五是优先权原则，即有利于提升交通效率的政策措施优先使用。

在我们国家，优先权原则被滥用了。很多人认为优先权原则就是公交优先，其实不是。公交优先，应该在公交、私人交通均衡发展的前提下进行，不能“一边倒”。杭州建了很多条公交专用道和BRT道路，但是现在杭州公交专用道所在的路口、停靠站，几乎都成了拥堵点。这就是因为我们对优先权的理解太僵化，BRT的布局也很单一、机械。

三 效率低下，痼疾难消

记者：您觉得杭州的城市交通效率如何？

吴伟强：效率太低了。道路交通管理的基本要素是“人”“车”“路”。杭州在这几个方面，都尚待改进和提升。

就道路系统而言，杭州的路网架构不够完整，交通廊道系统性缺失，公交走廊远未建成，路网结构比例颠倒（支小路严重不足，而小区的封闭化管理又消解了支小路的功能），道路同质化严重。就道路交通组织与管理而言，违背交通管理基本原理的交通设施配置和管理方式或多或少地存在，比如信号灯、标志标识、隔离设施设置的合理性有待提高，智能交通系统的科学性有待加强。就“人”这一因素而言，交通管理者以及交通参与人的素质也有待提高。

记者：有资料显示杭州现在的公交分担率是23%？

吴伟强：实际上地面公交车的分担率不到20%。根据我们的测算，现在早晚高峰时段，杭州公交车的时速平均在9公里。去年（2013）省里下达的任务书里，要求公共交通分担率提高到23%，于是为了达到这个数字，统计时就将本不被视为公交范畴的出租车计入公交范围，把杭州7万多辆公共自行车、出租车、旅游巴士以及新增的地铁1号线的承载量一并计入。从这一做法也可以看出，在很多职能部门眼里，治堵目标更像是建设目标，而非效率目标。

其实，杭州的道路条件虽然存在问题，但并非“无药可救”。比如，现在杭州平均每辆车所占道路长度和面积，比很多大城市好一倍以上。

具体说来，杭州治堵可以做的事情很多。比如信号灯，杭州大概是全国最密集的，运行方式却最不科学，红绿灯间隔 24 小时不变。而像上海等城市，灯号间隔会随不同时段、不同车流量而调整。杭州还到处都是右转箭头信号灯，而根据德国专家的研究成果，把右转信号灯拿掉，可以提升 15% 的交通运行效率。这个事情我大概向有关部门提了 10 年的意见，建议越来越细节化，甚至具体到改哪一个路口的信号灯，但是那么多年几乎没有改变。

对于杭州的交通情况，多年来，我带着学生做过很多调研。我们骑着自行车一个个路口去数，统计过杭州一共有多少断头路，一个路口的一个灯次可以通过多少车辆，行人过马路的速度是多少。我们也测算过，杭州现在每辆车有 0.4 个停车位，而 1/3 的地下停车位经常闲置，导致到处有马路上占道停车现象。我们针对这些问题画过地图、写过报告、提过建议，但基本都石沉大海。口头上很多部门领导都承认我们的建议有道理，但还是一成不变。

四　决策过程，应该开放

记者：杭州这次限牌政策实施很突然，市民意见很大。

吴伟强：对于这一公共政策的信息披露，我不认为政府“先不断辟谣，再突然袭击”。市民和媒体之所以得出这样的结论，原因有二：一是职能部门和市政府的非对称性。职能部门负责人或内部相关人员发表个人观点，容易让人误以为其代表政府立场。二是对信息解读的非对称性。“至今没收到限牌的决定，也没做过相关的研究”，由于发言者的身份特殊，很容易让市民误认为是对限牌的一种否定。因此，政府必须完善新闻发言人制度，以单一的口径发布信息。

记者：很多人质疑新政没有市民参与。您有受邀提供建议吗？

吴伟强：没有。城市交通管理的决策，涉及每个市民的利益，属于重要的公共政策，应坚持开放性原则，让市民积极参与决策过程。我认为，具有高度敏感性的公共政策，在决策过程中，以一个比较长的时间，正面导向，让民众提前自觉融入到决策价值趋向中，是一个比较好的方法。这样，决策实施的过程中也会形成合力。

实际上，我们有些管理部门，自己决策、自己实施、自己管理、自己评价。我带领学生做过一项问卷调查，92%的居民认为交通拥堵状况可以改进，但58%的居民认为，提意见没用。管理部门内部的一些领导认为，这是我的领地，你不要插手。杭州的交通拥堵，很大程度上是人为的。

五　提高效率，治堵之本

记者：您觉得城市交通效率低的症结何在？

吴伟强：很多事情一个部门做不了。城市交通管理，涉及15个部门，主要由5个部门处理，包括建设、规划、城管、交警等。交警的口号是：有序、科学，他们把这些执行得太格式化了。为了有序，去年（2013）杭州狠抓行人违法，狠抓路口300米严管区不许变道，多数市民认为这样管理的目的是处罚，而不是让交通更顺畅。马路上的隔离带，拆了建、建了拆，没完没了。市民对马路设置隔离护栏的不满意度排第一位，高达70.2%。杭州这样的城市（常住人口1100多万），太依赖平面交通，全城天桥一共25个，立体交通路口不到50个。根据世界惯例，100万人口以上的大城市，缓解交通拥堵的良好方法是发展地铁系统，而杭州目前建成的地铁只有50公里的1号线，形成有效的地铁系统还有待时日。

我觉得还是要说到体制问题，而体制问题的核心，还是利益问题。第一是考核指标，有些管理部门认为，提升交通效率后，可能会造成危险。发生一些事故以后（2009年前后杭州连续出现多起富家子弟撞死行人案，备受舆论关注），他们把安全考核放在第一位，从来不考核效率。第二是部门利益，不排除有些部门在发“拥堵财”，到处是隔离带、指示牌、信号灯，热衷于搞建设。

记者：城市治堵是技术问题还是管理问题？

吴伟强：我觉得很郁闷的事情是，我们讲了10年，有些东西是随手可以改的，为什么都不改，最后使得杭州要限牌。如果以上我们讲的这些问题不解决，限牌也没用，限牌也可能成为进一步拥堵的催化剂。所以拥堵问题，其实是体制问题、利益问题。有关部门愿不愿意遵循科学原理？每天做着同样的事情却希望带来不同的结果，这就是我们的现状，叫不醒装睡的人。

中国的城市交通管理，需要做的事情有很多。第一，遵循交通管理基本原理，任何违背常理的行为都要付出代价；第二，纠错，把明显的错误先改过来；第三，考核指标必须把效率放在重要位置；第四，摒弃利益的纷扰；第五，建立良好的管理体制。这些方面做好以后，接下来才是技术问题。技术问题根本不是核心问题。

（该文于2014年被乐华局长批示、杭州市公安交警局采纳）

《机动车运行安全技术条件》的缺陷与修改建议

政管学院　　吴伟强

【提要】2017年7月5日杭州7路公交车发生爆燃事件，笔者通过详细的调研和比较研究，发现我国公交车的安全设施存在较为严重的缺陷，而导致这些缺陷存在的根本原因之一，是我国的《机动车运行安全技术条件》（GB 7258—2012）对公交车的安全保障较差，在逃生系统方面，远未达到与国际接轨的水平。因此建议及早修订国家规范，并提出了修订国家规范应遵循的原则。

车辆安全分一般安全、主动安全和被动安全，被动安全是指事故发生时，汽车保护乘员和行人的能力。这需要良好的逃生设施配置，以及良好的安全教育、意识和演练。我国屡屡发生的公交车爆燃事件，说明公共交通的安全保障方面存在较大隐患，急需改进。

一　我国公交车安全问题日益凸显

我国公交车行驶途中发生爆燃事件时有发生。场面触目惊心，造成了恶劣后果和社会负面影响。

（一）人员伤亡较为严重

据对公开报道的不完全统计，2009年6月以来，发生了8起公交纵火事件，造成84人死亡，260人受伤（表1）。2005年以来，公交车爆燃事件20多起，22人死亡，64人受伤（表2）。其中最为恶劣的是人为纵火案，死亡惨烈，厦门BRT公交车纵火案，48死30伤，成都9路公交车纵火案，27死74伤。杭州7路公交车纵火案，虽无人死亡，也造成30人受伤，其中多人伤势严重。

（二）负面社会效应不可忽视

屡屡发生的公交车安全事件，还会引发一系列负面社会效应。第一，对政府公信力的质疑和信任水平的下降；第二，对公共交通工具的心理阴影；第三，放弃公交，追求私人交通，加剧城市交通拥堵，影响“公交优先”战略的实施和“公家都市”建设。

表1　　近5年的8起公交车纵火案

事件名称	发生时间	伤亡情况
成都9路公交车纵火案	2009年6月5日	27死74伤
长沙机场大巴纵火案	2010年7月21日	2死14伤
北京9路公交车纵火案	2012年7月28日	无伤亡
厦门BRT公交车纵火案	2013年6月7日	48死30伤
贵阳237路公交车纵火案	2014年2月27日	6死35伤
四川宜宾14路公交纵火案	2014年5月12日	1死77伤
杭州7路公交纵火案	2014年7月5日	30人受伤
长沙7路公交车纵火案	2014年7月11日	无伤亡

表2　　近年公交车爆燃事故

事件名称	发生时间	伤亡情况
福州5路公交汽车爆炸	2005年8月8日	1死31人伤
杭州K25路公交车自燃	2006年6月11日	无伤亡
上海842路公交车发生爆燃	2008年5月5日	3死12伤
温州公交车碰撞爆炸	2008年5月17日	16人死亡
昆明54路公交车、54路公交车连环爆炸	2008年7月21日	2死14伤
安徽2路公交车自燃	2009年6月8日	无伤亡
无锡203路公交车自燃	2009年6月24日	无伤亡
深圳320路公交车自燃	2009年6月13日	无伤亡
重庆120路公交车	2009年9月3日	7人受伤

续表

事件名称	发生时间	伤亡情况
北京 638 路公交车自燃	2010 年 7 月 7 日	无伤亡
杭州 151 路公交车自燃	2010 年 7 月 21 日	无伤亡
南京公交车爆炸	2010 年 7 月 30 日	无伤亡
无锡 23 路公交车突然起火燃烧	2010 年 12 月 28 日	无伤亡
沈阳 241 路公交车自燃	2011 年 1 月 21 日	无伤亡
武汉 556 路公交自燃	2011 年 2 月 9 日	无伤亡
河南新乡公交自燃	2011 年 3 月 28 日	无伤亡
安徽黄山公交车自燃	2011 年 5 月 8 日	无伤亡
温州 309 路城乡巴士自燃	2012 年 7 月 30 日	无伤亡
武汉 808 路公交车自燃	2013 年 6 月 18 日上午	无伤亡
武汉 585 路公交车自燃	2013 年 6 月 18 日下午	无伤亡
无锡 70 路公交车自燃	2013 年 12 月 5 日	无伤亡
泸州 208 路公交车燃烧	2014 年 2 月 28 日	无伤亡
北京 44 外路公交车自燃	2014 年 3 月 17 日	无伤亡
武汉 2 路电车自燃	2014 年 4 月 30 日	无伤亡
昆明 106 路公交车自燃	2014 年 5 月 10 日	无伤亡

二　《机动车运行安全技术条件》明显落后

详细分析杭州 7 路公交车纵火案的自主逃生和救生过程，几个问题特别值得注意：（1）多数乘客从车门逃生；（2）未能从车门逃生的乘客，无一是自救的，都为市民救出；（3）车窗无一是乘客或驾驶员从内部击破的；（4）无人使用安全锤；（5）车内没有灭火器被使用，连驾驶员座位下的灭火器也未被使用。上述，除了乘客与驾驶员的安全意识、自救方法存在一定缺陷之外，主要问题出在公交车的安全设施配置上。我国公交车安全标准主要依据是 2012 年 9 月 1 日实施的《机动车运行安全技术条件》（GB 7258—2012），从国内发生公交车安全事件并结合发达国家的机动车安全技术规范可以发现，这一规范对公交车的安全保障较差，在逃生系统方面，远未达到与国际接轨的水平，主要问题如下。

第一，应急逃生侧窗配置标准低。

涉及应急逃生窗的主要有以下条款："车长小于6m的客车，在乘坐区的两侧应具有紧急时乘客易于逃生或救援的侧窗。"（12.4.1.1）"车长大于7m的客车应设置撤离舱口。"（14.4.1.2）"车长大于9m的公路客车、旅游客车和未设置乘客站立区的公共汽车，应设置两个乘客门；但如其车身两侧所有应急窗均为外推式应急窗，也可只设一个乘客门。"（11.5.4）"设有乘客站立区的公共汽车车身两侧的车窗如面积能达到设置为应急窗的要求，均应设置为推拉式应急窗或外推式应急窗。"（12.4.3.2）

在紧急情况发生的时候，车门和车窗是唯一的逃生出口，但规范没有规定应急窗配置的数量和具体的配置方式，而且这些条款都不是强制性条款。这样，在通过车门逃生受阻时，乘客就很难跳出车窗自救。更严重的是，为了降低营运成本，规定，大于9米的客车应急窗如果全部为外推式应急窗，可以布置一个中乘客门，增加一排双人座椅。之所以做这样的规定，是因为"如果9米以上的公路客车增加一个乘客门，势必减少两个乘客座，座位减少相应的运营利润就会减少，这对客车生产企业、客运企业都是不利的"。将生命和经济成本、收益放到一起考虑，令人匪夷所思。

第二，安全锤子配置数量明显不足。

《机动车运行安全技术条件》对安全锤的规定仅有两条："应急窗应采用易于迅速从车内、外开启的装置；或在钢化玻璃上标明易击碎的位置，并在每个应急窗的邻近处提供一个应急锤以方便地击碎车窗玻璃，且应急锤取下时应能通过声响信号实现报警。"（12.4.3.2）"安全顶窗应易于从车内、外开启或移开或用应急锤击碎。"（12.4.3.3）

也就是说，规范对于安全锤配置的数量的规定与应急侧窗的规定是一致的，在应急侧窗不足的情况下，安全锤的数量也明显不足。而就国内公交车的实际情况看，没有完全按照规范的要求"在钢化玻璃上标明易击碎的位置"。

第三，车厢内灭火器配置存在随意性。

《机动车运行安全技术条件》仅有一条对车厢内灭火器的规定："客车应装备灭火器，灭火器在车上应安装牢靠并便于取用。仅有一个灭火器时，应设置在驾驶人附近；当有多个灭火器时，应在客厢内按前、后，或前、中、后分布，其中一个应靠近驾驶人座椅。”（12.9.2）

可见，对于客车内的灭火器数量根本没有作强制性规定，而是采用了选择性的做法，对于安装方法，除了驾驶员位置灭火器的规定比较明确之外，其他都含糊不清，给企业留出了减少灭火器数量配置的空间。

第四，规范修订推进工作迟缓。

《机动车运行安全技术条件》（GB 7258）是我国机动车运行安全管理最基本的技术标准，至今已有1998年、2004年、2012年三个版本，但至今这一规范仍存在明显的不足。2012年制修过程中，各方对于2004版本的缺陷以及实施后的实际情况提出了很多意见，但未被及时采纳。

我国现有的公交客车由于有相当数量的客车为空调车，车窗为密封窗，在出现紧急情况时很有可能无法及时找到安全锤击碎玻璃，从而危及乘客生命。早在2009年，在一场有关客车安全的研讨会上，与会专家就对新生产的公交客车采用推拉式车窗与外翻式车窗等非固定形式的车窗达成一致。2009年，深圳、上海等地开始试运行设置有外推式应急窗的公交车，取得了良好效果，也受到了市民的肯定。上海在试运行之初，还为市民展示分别装有推拉式、外推式和提拉式逃生窗的三辆样车，让市民投票，最终结果表明，市民对外推式最为认可。

在《机动车运行安全技术条件》后，《客车外推式应急窗》标准制定列入计划（2012—02XXT—QC），由厦门金龙联合汽车工业有限公司主持制定，称“与国际先进标准（FMVSS217）相衔接”。2013年4月全国汽车标准化技术委员会提交公示，征求意见。

但需要指出的是：第一，该规范草案至今未成为国家规范；第二，该规范对外推式侧窗（或弹射式侧窗）的安装数量完全没有说明。

从专家提出建议算起，5年过去了，行之有效的应急逃生侧窗，一直未能列入国家规范，难以在我国普遍采用。国内发生多起公交车燃烧事件，造成重大伤亡和财产损失，与国家规范的落后不无关系。

三　及早修订现有的《机动车运行安全技术条件》

我国公交车的安保水平难以完全满足公众安全出行要求，对社会安全也造成了不可忽视的负面影响。提高我国公交车的安保水平，是应予以高度重视的重大问题。

（一）改变观念，提高安全意识

首先，公交车燃烧事件给管理者带来了更多的警醒和启示，全社会对治堵高度重视的同时，应同步注意出行安全的问题。交通部门在提供更便捷的公共交通服务外，也需要更多关注如何保障市民的安全出行。其次，对于公交车安全保障的认识，应以发生类似的突发安全事件为底线，设计安全标准，并覆盖到所有的公交系统中。最后，在安全保障方面，切忌从经济成本和利益考量，更要排斥部门利益对安全的纷扰。

（二）借鉴国际经验，提高公交车的设计安全规范水平

世界上主要的汽车法规有美国汽车法规、欧洲汽车法规和日本汽车法规，形成了三大汽车法规体系，在机动车安全标准方面，美国的水平最高，值得我们借鉴。美国联邦机动车安全标准（FMVSS）是美国汽车技术法规的核心内容。FMVSS 由美国运输部（DOT）所属的美国国家公路交通安全管理局（NHTSA）根据美国《国家交通及机动车安全法》负责制定实施。它们被收录在美国联邦法规集第 49 篇的第 571 章。任何车辆或装备部件如果与 FMVSS 不符合，不得为销售的目的而生产，不得销售或引入美国商业系统。NHTSA 可随时在制造商不知情的情况下对市场中销售的产品进行抽查，也有权调验厂家的鉴定实验室数据和其他证据资料。如果抽查发现不符合 FMVSS 要求，将向制造商通报，责令其在限期内修正，并要求制造商召回。同时，根据美国《国家交通及机动车安全法》规定，最高可处以 1500 万美元罚款的民事处罚。对造成人员死亡或严重身体伤害的机动车或装备安全缺陷隐瞒不报，或制造虚假报告的制造商将追究刑事责任，最高处罚为 15 年有期徒刑。

（三）强化应急逃生系统规范，迫在眉睫

按照基本安全准则，公交车发生安全事故后，驾驶员和乘客以两种途径逃生，一是自救，二是他人救援，其中自救是第一位的。杭州消防部门曾经做过一个实验，采用的是一辆 43 座大客车，车内共有 36 名乘客。整个实验，测试了乘客从车门逃生和破窗逃生所用的时间，同时测试了车头附近有 10 升左右的汽油燃烧后车内的情况。结果是：他们都从车辆的前门有序逃离，一共用时 42 秒钟。破窗逃生实验中，车内 15 名乘客，使用安全锤等破窗后，用时 55 秒全部逃生。车辆燃烧实验中，消防部门在车辆的车头位置，倒了 10 升左右的汽油并点燃，10 秒钟左右，车辆车顶开

始着火；20 秒左右，车厢中部开始燃烧，燃烧产生的浓烟有 10 多米高，车厢内都是黑烟；30 秒左右，车厢后部也开始燃烧；40 秒开始，整个车厢内部都陷入火海；而 6 分钟后，车辆被烧得只剩下车架。这也意味着，一旦遇到突发情况，尤其是公交车、大客车起火燃烧，就算是从车头或车尾开始燃烧，车辆另一端的乘客也只有 30—40 秒的时间逃生。也就是说，真正的逃生机会就是 40 秒。

自救的过程，应是“最短时间、最短距离、最快动作、一次完成”，这就需要：足够的逃生通道和足量的逃生工具。

美国公交车的每个窗户（甚至包括前后风挡玻璃）都是可以临时打开的，有个应急把手轻轻一推就可以打开。在美国联邦机动车安全标准（FMVSS）中明确规定了设置方法、固定方法、使用方法，甚至细化到各种不同情况下的压力标准。美国校车标准，则固定校车必须配置九大逃生通道。

国外的公交车不会把所有的逃生都寄托在小小的安全锤上，但发达国家的公交车每扇车窗都设置有安全锤，设置的密度比国内标准要高很多。我国台湾地区的公交车同样每个窗户都配置安全锤，并清楚标示“击破点”。

因此，建议在修订《机动车运行安全技术条件》时，遵循以下原则。

第一，自救为主，他人救援为辅。所有的安全设施配置，首先要满足乘客和驾驶员在第一时间内自救。第二，增加应急逃生通道是核心问题。基本的准则是，所有平时封闭或者相对封闭的车门、车窗都要保证在紧急情况下能轻易打开。第三，增加安全锤和灭火器数量是当务之急。在紧急情况下，安全通道或有不能及时打开，那就需要灭火器和安全锤等辅助工具。在新的《机动车运行安全技术条件》尚未出台前，完全可以强制性要求制造商和公交企业配置更多的安全锤和灭火器，安全锤应配置到每个车窗。

〔该文于 2014 年被国务委员王勇、王建满（时任副省长）批示，省政府采纳〕

旅游消费需求与交通工具选择的相关性研究

——基于高铁与航空运输视角

之江学院　　梁雪松

【提要】与航空运输最具竞争性和可替代性的运输方式就是高速铁路运输，600公里以下的旅程，高速铁路对航空运输的分流效应已初步显现，随着航空和高铁“快旅”时代的到来，本文首次提出了“快适度”的概念，预示今后的旅游交通将开始从“通达度”向“快适度”转变。文章以浙江和长三角地区为例，利用层次分析模型，力求寻找旅游消费需求与出游交通工具选择的关联性，分析消费者选择旅游交通工具进而对旅游消费需求变化的影响，对各级有关政府以及相关企业的旅游经济发展方式转变和转型升级具有一定的参考价值。

一　引言

旅游交通是交通运输中的一种特殊方式，是指为旅游者从旅游客源地到旅游目的地往返，以及在旅游目的地旅游过程中所提供的交通运输设施和服务，从而产生的一系列社会经济活动与现象的总称。一方面，旅游交通的便捷程度影响旅游者对旅游目的地的选择，方便、快捷、大容量的“快旅”交通有助于旅游目的地的可持续发展；另一方面，旅游交通设施和服务的状况影响着旅游者旅游日程的安排（表1）。

表 1　旅游交通的特性及需求

范 围	因 素	特 性	需 求
旅游客源地—旅游目的地	客源空间分布	相对集中性、区域性	大容量交通联系，提高旅游出行频率和强度
	出行优选对象	通行空间快速交通	便捷化、个性化、时尚化
	主要影响因素	距离、时间、费用	“快旅”、安全、廉价

在旅游活动中，大部分时间及旅行费用都消耗在交通工具及设施上，交通工具及设施是否顺畅、快速和安全，影响着旅游者整个旅游过程的心理情绪、消费欲望与质量感受，便捷的交通工具、发达的交通基础设施和廉价的交通费用，已成为推动旅游产业发展的先决条件和依附基础。因此，不管旅游业如何发展变化，旅游交通在旅游活动中始终占有不可替代的地位。据统计，关于对旅游效果影响要素的调查表明，与旅游各要素相比，将旅游交通列为首位要素的占 60% 以上。可以看出，交通是决定旅游效果优劣的重要评价指标之一。

随着科学和经济技术的高速发展，高速铁路和航空业之间的竞争将越来越激烈。旅游地的交通竞争已不只是可进入性的竞争，更是多变的“消费需求”的竞争，因为交通发达的程度直接关系到消费者的时间支出和经济支出。快速化、人性化、舒适化的“快旅”交通设施对人们的旅游消费需求会产生怎样的选择和变化，对我国旅游经济发展方式的转变将要产生怎样的预期影响，就成为旅游经济转型升级发展亟待探索的课题之一。

二　“通达度”与“快适度”

“通达度”是交通理论上的一个术语，主要是指通往四周的交通干线的数量，是从一个地方最终到达另一个地方的实际可通行的距离以及可达性。随着经济和科技的快速发展，我国大部分主要旅游城市或目的地间都已基本解决了旅游通达的问题，而随之而来的是如何快速而舒适，达到“旅快游慢”的目的。

“快适度”是笔者从旅游经济和交通理论的角度演绎而来的术语（值得商榷，后文专研），主要指从旅游一地到另一地途中所花费的时间及舒适轻松的程度，衡量的标准主要来自心理感知速率、舒适度以及便捷度。在科技发达的今天，大多数旅游城市或旅游目的地的“可达性”问题已成为历史，评价交通的指标不仅以交通干线的数量、距离和可达性作为基本标准，还应以交通时间（速率）、方便快捷和舒适轻松为高需求标准。也就是说，现在旅游交通已经从“通达度”向“快适度”转变。比如，以前从广州坐火车到武汉要10多个小时，而现在只要3—4个小时；以前从上海坐火车到杭州要2个小时，而现在40多分钟就可到达，不仅快速、舒适，而且还实现了“高铁”公交化，从原来一天只有几趟列车变为现在一天有几十趟列车，这无疑给游客的出行注入了一股“心理驱动力”。上海到杭州一两个小时的时间成本影响并不是很大，但对于像京—沪那样中长远距离的旅游目的地而言，一旦旅游的“快适度”得到实现，将进一步“拉近”两个大城市或旅游目的地间的距离，也加快“同城”的步伐。

三　旅游交通工具

随着现代科学技术的发展和旅游消费的成熟，旅游交通工具也逐渐形式多样化、用途广泛化、内容丰富化、文化内涵化，不少旅游交通工具本身也成为旅游者观赏的对象——旅游吸引物，渐渐具备了满足旅游者体验、游览和娱乐需要的多重特殊功能，极大地丰富了旅游者的旅行经历，为旅行多元化开发提供了便利条件。

作为人类代步或运输装置的交通工具而言，它不仅能够缩短游客的心理乘车时间，缓解疲劳和紧张压力，还可以使游客在旅途中选择不同的交通工具，以交通观景和欣赏交通工具本身两种形式为依托成为吸引物，以此来体验交通工具带来的新奇和乐趣，满足了旅游者选择不同交通方式出游的潜在需求。越来越多的旅游交通工具和设施，发展成为既能满足旅游者的物质享受，又能实现精神文化观赏价值的旅游吸引物，具有某些资源化特征。

航空运输一直是远程旅游交通的首选，但时速300多公里的高速铁路直接冲击了航空运输在旅游交通中的地位，改写了旅游交通格局。东航董事长刘绍勇曾表示，高铁会冲击国内60%以上的民航市场。春秋航空曾经专门研究过高铁冲击航空的课题，发现1000公里、一个半小时以内航程的航线最易受到高速铁路的冲击，因为在这一航程，加上到机场和办票的时间就超过3个多小时，乘坐飞机的时间优势并不突出。

从国外来看，高速铁路的发展对航空运输造成了不小的冲击，高速铁路在旅游交通板块中已占据了一席之地。日本、欧洲地区高铁的投入运营，都抢夺了当地航空运输业市场很大的份额。如1981年巴黎和里昂之间400多公里的第一辆高速列车投入运营后，其航空承运损失了50%以上的航空客人，2006年巴黎里昂航线仅为乘坐高速列车往返巴黎里昂旅客人次的10%。日本开通多条新干线后，致使日航停飞了东京至大阪、名古屋、仙台等航线。西班牙于2008年建成的马德里至巴塞罗那间的高速铁路，使其航空旅客运量下降了35%以上。在中国，"高铁"的冲击同样导致京津、成渝等空中快线的停航和京沪、武广、京太等航线的客座率下降。武广高铁在开通100多天后，武汉飞广州的航班从每天最多13班减为10班。2010年郑西高铁开通不到50天，郑州到西安航线所有航班停飞。

从高铁和航空运输时间、费用对比（图1）可知，运行时间小于2—3小时，乘坐高铁出行所花费的精力和费用低于航空运输，游客选择高铁运输的比例较大；而运行时间大于2—3小时，航空运输适合中长程的优点逐步显现，时间越长，高铁运输与航空运输的差值越大，h值和机型的小时费用密切相关，经验值为2—3小时。

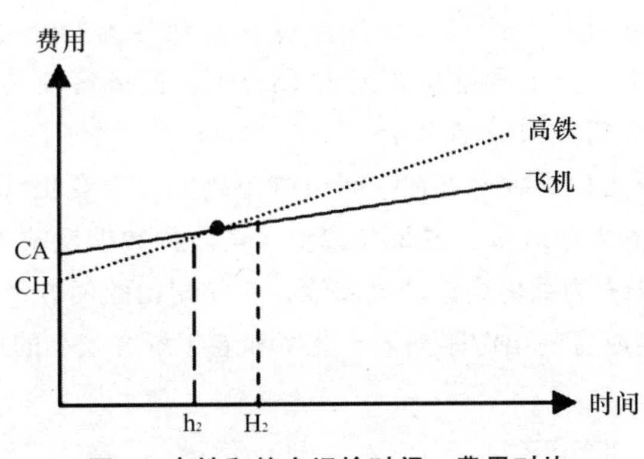

图1　高铁和航空运输时间、费用对比

根据国内外的经验证明，高速铁路的快速发展将对我国交通运输结构的调整产生深远影响。一是高铁具有运量大、速度快、安全性能高、节能环保等特点，比较优势明显，将成为未来交通运输的主流。二是高铁的开通迫使民航和公路交通部门推出了城际航线和城际快巴，高铁将带动航空、公路新一轮的良性竞争。这种良性的竞争，既带动了旅游市场的发展，又促进了服务质量的提高，可多方位满足乘客出行需求，让百姓受益。三是铁路、航空、公路、地铁等交通运输方式将实现良性互动，促进现代化综合交通运输体系的形成。从现在已经完成的北京、上海、武汉、广州等高铁车站的设计来看，都综合考虑了铁路、地铁、长途客车和公交汽车的换乘关系，旅客不用出站就可快速实现“零距离换乘”“无缝”对接，大大方便了旅客出行。

四 交通工具选择的调研与分析

旅游是一个复合性、系统性产业，涉及多个环节，每一个环节都会影响和约束旅游需求与最终旅游消费的变化。如何去寻找交通与旅游的契合点也将直接对游客产生影响。为此，笔者与课题组成员于2010年10月至2011年11月先后5次，以上海和杭州为中心对高铁运行一年的情况展开了调研，本次共发放调研问卷近千份，回收有效问卷976份，访谈游客100余人次，根据访谈和问卷数据统计整理如下。

（一）调研数据分析。

1. 基本特征分析。

从客流结构来看，2010年的调研结果是高铁以个人和商务等高端客流为主，从2011年的结果看旅游团体以及大众客流上升份额较大，其中旅游客流占38%，务工和返乡客流占15.5%，商务客流占36.5%，探亲流占10%，客流成分构成多元化。

年龄的差异可以导致游客在空间出游距离上发生变化（图2）。年龄结构中以25—54岁人数最多，占80%以上。调研的数据反映了年龄和出游距离特征，35—44岁为乘坐高铁的最高峰，与此相比的两方都呈下降的特征，呈现出中、青年游客的出游距离大，儿童和老年游客较小的规律。

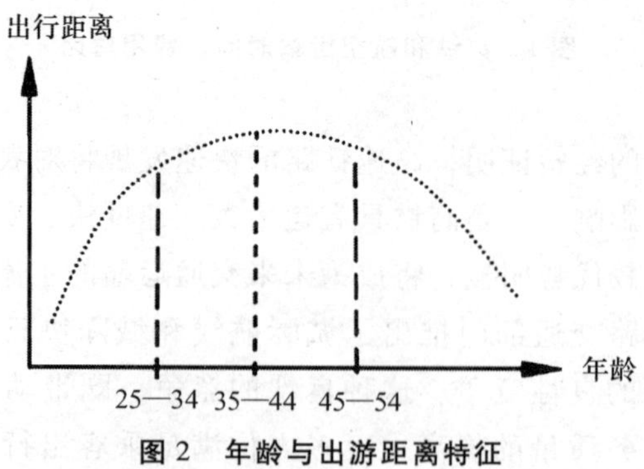

图2 年龄与出游距离特征

在2011年调研的乘客中分别有40%左右是来自沪杭，有近20%来自北京；在外埠乘客中有近六成是来自长三角周边地区，其余的乘客遍及全国22个省市。从被调研者的游客平均出游距离的统计分析可以看出，从事脑力劳动者选择高铁出行以及出游距离相对于体力劳动者要多和远，体现出脑力劳动以及文化程度越高，选择高铁出行的比例越高的态势。这可以作为出游行为活动“补偿论”的实证。

旅游者的收入可以分为实际收入与心理收入水平两种来考虑。实际收入是旅游者出游能力的基本指标，收入水平也是有效选择交通工具和出游距离的重要影响因子。调查表明，实际收入越高的游客，选择交通工具越好，同时出游距离也就越远。从被调研者收入看，处于收入高位的多是居住在京沪杭等城市的乘客，而收入过低或过高的乘客比例相对较低，分别都在10%以内。

2. 交通工具选择的理由。

由于航空运输对地域位置和净空的特性决定了机场不可能建在距离市中心较近的地方，加上安检登机的时间、地面交通的影响，有时去机场的时间甚至超过了乘机时间，在一定程度上抵消了航空运输快速的优点。因此，被调研的乘客对选乘交通工具的理由如图3所示。

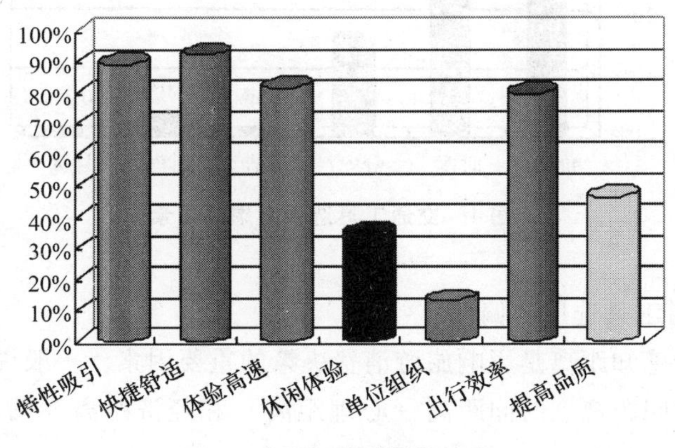

图3　交通工具选择的理由

在接受调查的乘客中有87.1% 认为交通工具特性是吸引自己选乘交通工具的重要原因；有超过90%的人把快捷方便舒适作为选择交通工具的理由；还有为体验速度而来的乘客占了80%以上；作为一个休闲体验

项目而来的占30%多；为提高出行效率而来的占80%多；为提高生活品质而选择交通工具的占了近50%。

3. 交通工具选乘考虑的因素。

在高铁开通之前，出游的人大多选择飞机、动车、长途汽车等前往目的地；高铁开通后，这些乘客中经常乘坐高速列车的达50%以上，虽然乘客对选乘高铁出行的目的各有所不同。其中以商务出差所占份额最大，达到60%；旅游观光的占35%；休闲购物的占了48%；探亲访友的占17.5%；会议占30.7%；上班、学习等其他项占12%。

在调研选择交通工具出行时最优先考虑的因素得知，有39%以上的人认为是价格；40%以上选择了时间和速度；同时，选择舒适安全的也占了16%以上；而选择清洁卫生、高档时尚和身份象征等项目的都在极少数。充分说明游客选择高铁方式出游的首选因素主要集中在时间、速度、价格和安全方面（图4）。

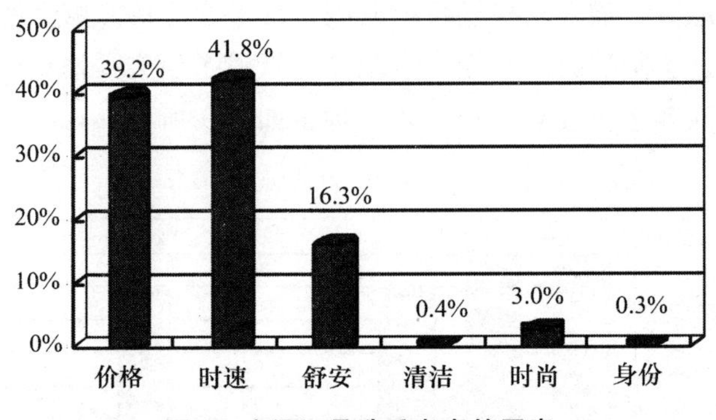

图4　交通工具选乘考虑的因素

4. 交通工具选用的偏好。

旅游者感知距离是影响旅游消费决策的重要因素。一般说，感知距离可以分为空间距离、时间距离（心理距离）和经济距离（图5），而且几种感知距离之间是有一定的差别的。

空间距离可以在旅行时间上限制游客旅游，而交通工具的改变可以使路途时间（时间距离）缩短，在某种程度上克服这种时间限制，因而“时间距离”决定于空间距离和交通工具的选择。

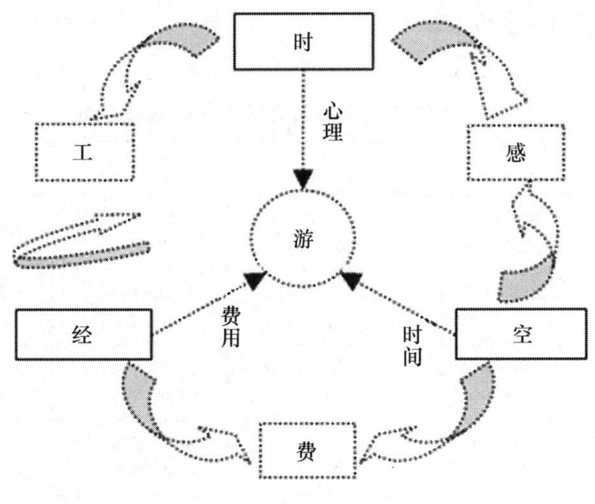

图5　旅游距离感知

旅游交通费用的高低决定出游距离的半径，因此，空间距离带来的旅游费用同样可以在经济上限制游客旅游，因而相应的旅游费用成为一种距离指标——经济距离。

在时间距离和经济距离这两个“硬条件”之外，还有一个影响游客选择旅游空间距离的“软条件”就是心理距离（对时空距离的心理感知及评定）或感知距离。游客的空间行为的距离特征包括了其实际出游（或抵达）距离和其心理感知距离。

距离在决定个体空间感知，距离对旅游者在旅游目的地和交通工具的选择上有着十分重要的影响。无数的研究普遍认为，旅游者量分布与出游距离之间存在着“距离衰减”关系，在以往的研究中，能够揭示距离对旅游者旅游行为决策作用的因子主要是旅游者的感知距离，与旅游者空间行为及旅游地市场结构关系较为直接的也是旅游者的感知距离。但如今随着现代交通科技的发展以及经济收入的增加对“距离衰减”理论提出了挑战，值得进一步研究和探讨。

旅游者一般通过五个方面对出行距离产生感知的。一是根据旅游者居住地与旅游目的地两点间移动所消耗的能量来估算；二是计算途中所耗费的时间和速率来计算；三是将某一线路上各点之间的感知距离相加得来的结果；四是对环境模式进行解释得来的感知；五是依靠地图和路标来感知。从笔者于 2010 —2011 年的调研结果可以看出旅游者对旅游距离与交通工具选择之间的感知关系。

表2 游客对各种旅游距离及交通工具的选择偏好

距离与选择	汽车	火车	高铁	飞机
出行距离 选择比例	200km 以下 52.3%	200km 以下 27.2%	200km 以下 20.5%	200km 以下 0%
出行距离 选择比例	200—300km 30.1%	200—300km 34.1%	200—300km 35.2%	200—300km 0.6%
出行距离 选择比例	300—400km 25.4%	300—400km 32.6%	300—400km 39. 8%	300—400km 2.2%
出行距离 选择比例	400—500km 15.9%	400—500km 30.4%	400—500km 47.3%	400—500km 6.4%
出行距离 选择比例	500—600km 5.3%	500—600km 15.2%	500—600km 61.2%	500—600km 18.3%
出行距离 选择比例	600—700km 3.7%	600—700km 12.8%	600—700km 42.2%	600—700km 41.3%
出行距离 选择比例	700—800km 2.4%	700—800km 8.4%	700—800km 33.8%	700—800km 55.5%
出行距离 选择比例	1000km 以上 0.4%	1000km 以上 6.8%	1000km 以上 19.5%	1000km 以上 73.3%

资料来源：根据2011年调研结果，有改动。

根据表2数据分析看出，在300—600km，旅游者对旅游目的地感知距离，多选用高铁交通工具出行。但相隔近一年后再次调研访谈发现，随着人们经济收入的提高和观念的改变，以及对高铁的重新认识，人们选择高铁为出游方式的感知距离数据有所下降，比如沪杭之间选择高铁旅游出行的比例已升至30%以上。这也说明旅游者对旅游目的地距离的感知选择交通工具，从而影响当地经济、交通的发展和人们的旅游消费需求。

5. 交通工具选择的评价。

被调研的游客对选乘飞机和高铁所作出的总体感知评价是有所不同的。在安全性方面高铁的选择要比飞机高出6.2%；便捷度方面高铁的选择也比飞机高出近10%；在速度、舒适度、服务等方面二者相差无几（表3）。

表3 乘客对选乘飞机和高铁感知的评价

评价项目	评价结果	
	飞机（%）	高铁（%）
安全性好	87.2	93.4
票价高	88.6	68.8
便捷度好	88.8	98.7
速度快	98.6	92.2
舒适度高	89.8	99.5
客运服务好	99.5	97.9
设计人性化	90.0	95.4
通信、娱乐设施	73.8	90.6
绿色交通工具	68.2	89.9
购票便利	87.8	77.4
运输能力充足	67.4	79.1
自助选座	95.6	0
城市中心车次或班车	76.2	84.4

（二）基于层次分析的调研数据检验

如果按传统比较方法检验，由于定性和定量因素之间没有统一的度量尺度，也未考虑定性、定量因素间的相对重要性，因此难以判断。由于层次分析法（Analytic Hierarchy Process，AHP）是将复杂的选择问题，分解成各组成要素，将这些要素按支配关系分组形成递阶层次结构，通过两两比较的方式确定层次中各要素的相对重要性，然后综合决策者的判断，确定决策方案相对重要性的总的排序，从而作出选择和判断，能较好地弥补这些不足。因此，将根据层次分析法的基本原理，选择旅客对选乘飞机和高铁出行的主要评价因素，构建层次分析算法，来验证调研结果是否有效，同时对旅客出行提供参考。

根据旅游出行的特点，我们分别针对旅行中不同的距离设计了层次分析模型，这与人们的生活观念和实际情况相符，例如目前出行时，当距离小于300km，人们几乎是不会考虑选择乘坐飞机出行（表2）。具体来说，由于人员外出的目的不同、经济条件不同，体质心理经历和兴趣都有很大差异，我们将分别针对600km以内和600km以上的出行距离，依据安全、经济、便捷、快速和舒适等因素（表3）运用层次分析法构建判断矩阵，选择合适的交通工具。算法过程如下所示。

1. 将选择交通工具作为目标层，把要考虑的各项因素作为准则层，根据距离的感知不同建立递阶层次结构，如图6所示。

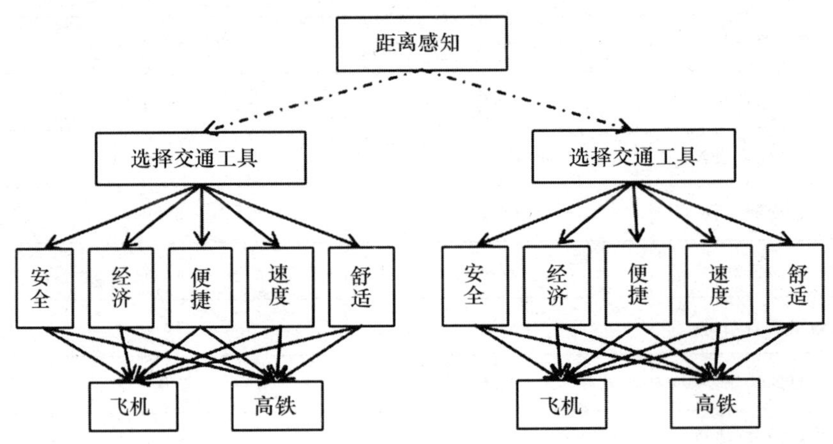

图6　交通工具选择的递阶层次结构

2. 在高铁和航空均提供充足运输能力的情况下，安全、经济、快速等各项因素都会对旅客选择交通工具产生影响。通过调查得到旅客对每一因素的评分，在此基础上，运用两两比较法，根据九级标度法构造比较矩阵如下所示：

$$A=[a_{ij}]\ A=\begin{bmatrix} 1 & \frac{9}{7} & \frac{9}{4} & \frac{9}{8} & \frac{9}{5} \\ \frac{7}{9} & 1 & \frac{7}{4} & \frac{7}{8} & \frac{7}{5} \\ \frac{4}{9} & \frac{4}{7} & 1 & 1 & \frac{7}{5} \\ \frac{6}{9} & \frac{8}{7} & 1 & 1 & \frac{8}{5} \\ \frac{5}{9} & \frac{5}{7} & \frac{5}{7} & \frac{5}{8} & 1 \end{bmatrix}$$

根据比较矩阵用和法计算得权向量并归一化，得到归一化后权向量 $\overline{W} = (\overline{W}_1, \overline{W}_2, \overline{W}_3, \overline{W}_4, \overline{W}_5,) = [0.2795, 0.2174, 0.1611, 0.2039, 0.1381]$。其中，$\overline{W}_i = \frac{\sqrt[n]{\prod_{j=1}^{n} a_{ij}}}{\sum_{i=1}^{n} \sqrt[n]{\prod_{j=1}^{n} a_{ij}}}$，这里 $n = 5$。

3. 一致性检验 $CP = \frac{CI}{RI} = \frac{5.0066 - 5}{5 - 1} = 0.00165 < 0.1$，这里 $CI = \frac{\lambda_{max} - n}{n - 1}$，$RI$ 可以通过查表得到，所以比较矩阵的一致性可以接受，即求得的权重系数可以使用。

4. 由于受距离条件的制约和旅行时间准时性（速度）等可量测因素影响，我们分别对600km以内和以上方案层计算，计算步骤与准则层相同，计算结果和检验结果见表4，对于各准则元素的一致性比率 $CR = 0 < 0.1$，所以权重向量均通过一致性检验。

表4 **层次总排序计算**

K	1	2	3	4	5
W_K 权重因子（<600km）	0.4706	0.4286	0.4375	0.5625	0.4375
	0.5294	0.5714	0.5625	0.4375	0.5625
$\overline{W}_K$ 权重因子（>600km）	0.4706	0.5625	0.4375	0.6429	0.4375
	0.5294	0.4375	0.5625	0.3571	0.5625
CR	0	0	0	0	0

5. 确定最优方案，根据组合权重的计算方法计算两种交通工具的总权重，通过一致性检验后将总的层次排序结果列入表5。由表5的总排序结果可知，在距离小于600km的旅游交通工具选择上，乘客乘坐高铁的权重大于飞机应作为优先选取的交通工具；然后当距离增加时则飞机优先。影响人们选择交通工具的最主要因素则是安全、经济和时速这三个

方面。

表 5　　　　层次总排序结果

距离	距离 <600km	距离 >600km
飞 机	$W=\sum_{k=1}^{5}\overline{W}_k\times w_k=0.4746$	$W=\sum_{k=1}^{5}\overline{W}_k\times\overline{w}_k=0.5214$
高 铁	$W=\sum_{k=1}^{5}\overline{W}_k\times w_k=0.5354$	$W=\sum_{k=1}^{5}\overline{W}_k\times\overline{w}_k=0.4886$

我们根据层次分析法的基本原理，对乘客选乘飞机和高铁出行的感知评价中的主要因素，构建了对比比较矩阵、计算权重及进行一致性检验等计算，得知600km以内旅行的选择以高铁为宜，而600km以上距离的旅行则应该考虑选择飞机，同时得知旅客出行考虑因素的权重，为旅客出行提供了有价值的参考。

五　影响旅游消费需求的因素

（一）影响因素分析

综上所述得知，交通方式的改变以及对交通工具的不同选择，都会对旅游消费需求产生不同程度的影响，通过结合对选乘不同交通工具出游的游客访谈，归纳分析出以下几点影响旅游消费需求的因素。

1. 消费心理、行为和习惯因素。

人们的消费需求以及由此产生的消费行为是有意识、有目的的活动，都是与人们长期的消费习惯有直接关联的，而长期的消费习惯是受消费者的观念和消费心理影响的。不同阶层、年龄以及收入的旅游消费者，对选择交通工具的消费心理也有所不同。同时，随着社会、经济和科技的发展变化，尤其是人们观念的转变，舒适程度成为影响选择交通工具的重要环节。比如在沪宁、沪杭线上，许多游客更倾向于坐高铁而不是虽称豪华、经济却并不怎么舒服的大巴。

2. 生活方式因素。

现代科技的发达把人们从繁多的家务劳动中解放出来，带来了旅游休闲消费的欲望。实践证明，消费的社会化程度越高，旅游发展越好。随着社会、经济的发展，逐渐改变着人们消费观念，新兴时尚的消费以其渠道多、速度快的特点，不但成为“消费导向”，而且使人们可以从中获得享受，让旅游消费者对出游交通工具这样的物质要求从“量”上升到的“质”，从遵循传统转为求新颖、赶时尚、成潮流。

3. 价格因素。

无论是旅游产品总水平还是旅行各要素消费比价的变化，都会对旅游者消费需求产生一定的影响。价格问题对交通工具的选择也是至关重要的。如旅游六要素中的出行交通工具价格提高，也就减少了旅游者对其他消费品的需求。相反，价格降低，对旅游消费需求量和需求结构也会产生较大的影响。许多京沪、京杭线旅游者选择乘火车的原因大多是因为其费用较乘飞机低，价格因素制约了乘飞机游客人次的上升。毕竟是否经济还是大多数人必须考虑和面对的问题。

4. 产业结构变化因素。

由于产业结构升级换代的速度加快，尤其是旅游交通产业迅猛发展，直接把人们从旅游出行要素中解脱出来，使人们具有“快旅”消费的条件，并使人们对“快适度”的需求日益扩大。同时，各种旅游要素的配套发展，推动了旅游这一综合交叉部门的大发展，为旅游消费需求创造了物质经济基础。

（二）影响需求分析

1. 旅游市场需求的影响。

交通工具“快旅”缩短了旅游途中时间，意味着旅游途中与游览时间比的降低，改变了原有对交通运输的需求和客源市场的空间格局，极大地降低了旅游者对旅游客源地与目的地之间的感知（心理）距离的同时，也使游客拥有了更多的游览支配时间。由于各地“通达度”和“快适度”的提高，使以往认为跨省区的中长线旅游变为感知上的中短线游。从杭州—上海—北京高铁开通可以看出，高铁连接的相对发达地区（杭州—上海—南京—北京）的散客化、同城化、区域化趋势将更加突出，这将吸引更多的国内外游客来旅游，高铁沿线原本不很发达的中小城市也将改变旅游客源市场的空间格局，从而使各地旅游收入水平趋于平均，收入结构更加合理。

2. 旅游目的地需求的影响。

交通工具对消费者旅游目的地选择的需求影响主要体现在以下两方

面：一是“快旅”使旅游者在旅游目的地的停留时间增加，将促进由原有的旅游过境地向旅游目的地或集散中心转换，并带动区域旅游业的大发展；二是交通连接的主要城市的“同城效应”增强，形成“小时旅游圈”“高铁休闲圈”，城市之间的休闲游憩范围也不再局限于城市内部和城郊，而是扩大到高铁所连接的区域城市。如新开通的京沪高铁与沪宁、杭宁等城际铁路一起，组成覆盖长三角地区并向其他区域辐射的快速客运网，使长三角诸城市集体“被快旅”，形成长三角地区旅游目的地“小时城市圈”，同时对北京至沪、杭、宁间的航空运输业也提出了挑战。

3. 旅游出行方式需求的影响。

相比航空运输业，高铁采用高速度、大密度的公交化运营方式，从表面看这是一种“速度”的显性提升，实际它带来的优势并不只是这种“量”变，而是通过缩短城市间的时间距离和心理距离，改变了消费者对旅游方式、出行往来形式和商务模式的需求，这就是交通工具给旅游经济由量变而带来的质变。通过调研发现，因为“快旅”形成“小时旅游圈”，将对旅游出行方式的需求产生以下影响。一是旅游者在出游时间的选择上更加灵活，集中出游的人群将在一定程度上得到分流，旅游淡旺季的界限将有所淡化，客流的空间、时间分布将趋于均衡，而且旅游者在相同时段内也扩大了出游的范围；二是出游方式将从传统的团队游转变为以散客游、自助游、周末游等短线游为主；三是游客的出游形式有了更多的选择，将更多趋于“高铁沿线一日游”。据调查，京—沪间游客出行有超过50%的消费者选择京—沪高铁，只有23.5%的旅客选择乘坐飞机。随着京沪高铁密度加大，品牌影响力扩大，更多的旅客将选择高速列车出行，旅客出行将更加多元化、便捷化。

4. 交通工具选择需求的影响。

根据表3的统计分析得知，旅游消费者对交通工具选择的需求主要表现为经济、安全、舒适和便捷。而根据表6的统计看出，旅游者出行在选择交通工具时，为了方便和机动的需求多选用汽车；为了经济和安全的需求多选用火车；为了便捷、安全而又舒适的需求多选择高铁。

表 6 旅游者选乘各种旅游交通工具的理由

项目	价格、影响	选择原因
汽车	低，对游客出游消费影响不大	方便、机动、灵活
火车	较低，对游客出游消费影响最小	经济、安全、方便
高铁	较高，对游客出游消费影响较大	便捷、安全、舒适
飞机	高，对游客出游消费影响大	迅捷、舒适

当然旅游目的地距离对旅游者选择交通工具的需求起着决定作用。目前长线旅游选乘飞机的旅游者占了相当大的比例，但短线旅游选乘飞机的旅游者极少。在开通了高铁的旅游线路中，是飞机与高铁竞争的主要战场。大巴与火车或高铁的客源争夺只体现在短线上。在今后的旅游市场中，长线旅游选择飞机的需求还将持续增长，但中短线以高铁为主的交通工具选择需求将成为今后的主流。

六 结论

综上所述，交通工具的选择将直接对旅游者的需求产生影响。航空运输一直是远程旅游交通的首选，但高速铁路的出现直接改写了旅游交通格局。从高铁和航空运输时间、费用对比可知，选乘高铁或航空运输的经验值为2—3小时。同时，随着科技的发展和人们观念的转变，交通工具以及交通工具的选乘过程也逐渐成为旅游吸引物。

在科技发达的今天，大多数旅游城市或旅游目的地之间的交通“通达度”已不成为问题，人们开始关注交通时间（速率）、便捷度和舒适度。为此，笔者首次提出“快适度”的概念，预示今后的旅游交通开始从“通达度”向“快适度”转变，“快适度”将对旅游者的出行方式、旅游者选乘交通工具的需求以及对旅游者的消费需求的改变等具有深刻的影响。

从以往经验来看，乘飞机以其时间短、座位舒适、环境安宁、贴心服务，一直是旅游交通中的一种高端方式。相比之下，传统的铁路运输就显得逊色很多。而自从高铁出现之后，由于其软硬件的改善、高速便利、发车密度高，尤其是在旅行时间成本上，飞机已无多少优势，时速300多

km 的高铁对于航空运输业来说无疑会产生强大的竞争力，高铁与飞机的竞争也将日益白热化。

根据市场的调研分析，明确了消费者选择交通工具的理由、出行的目的和选乘交通工具最先考虑的因素以及对交通工具的总体感知评价。并通过层次分析法的基本原理，对乘客选乘飞机和高铁出行需求中的主要因素，构建了对比比较矩阵、计算权重及进行一致性检验等计算，验证得知600km 以内旅行的交通工具选择需求以高铁为宜，而 600km 以上距离的出行需求则考虑选乘飞机的为多，同时得到了旅客出行考虑因素的权重，为旅客出行提供了有价值的参考。

旅游消费需求对经济增长有巨大拉动作用，随着航空和高铁“快旅”时代的到来，将对我国旅游经济的发展方式和旅游市场需求带来影响；将使旅游淡旺季逐渐“模糊”，给旅游者的出游方式带来转变，使旅游消费更趋理性；将提升长三角地区，尤其是浙江旅游的地理区位，极大地缩短时空距离，提高旅游出行的“快适度”；也将拓展沿线区域客源市场和旅游资源的整合，增强吸引力，提升旅游目的地形象。

〔该文于 2013 年被王建满（时任副省长）批示〕

楼宇已成城市碳排放大户，节能减碳障碍亟待清除

政管学院　　叶瑞克

【提要】楼宇是城市产业发展的新空间，也是城市经济发展的增长点。减少楼宇碳排放，促进楼宇经济的低碳发展已经成为创建低碳城市、发展低碳经济的重要课题。当前，低碳楼宇建设存在集中高碳排放和节能减碳工作表面化的突出问题，而意识、规划、供需分析缺乏阻碍低碳楼宇建设，因此，应颁布建筑楼宇节能低碳的国家标准，推动地方标准的研究与制定；开展节能减碳知识培训，提升楼宇业主入住企业及其员工对低碳楼宇和低碳产品的认识；加强低碳科技与产品的推广应用，提高楼宇节能减碳水平；实施低碳监控，采取奖惩措施，加快建筑楼宇节能减碳改造的进度。

楼宇经济是以商务楼、功能性板块和区域性设施为主要载体，以引进税源、带动区域经济发展为目的，以体现集约型、高密度为特点的一种经济形态；也是经济发达地区在经历投资拉动增长时期后出现的新的发展模式。然而，我国楼宇在碳排放总量中几乎占到了 50%，加强城市建筑节能减碳工作，推进楼宇经济低碳发展已经势在必行。

一　当前低碳楼宇建设存在集中高碳排放和节能减碳工作表面化的突出问题

一是楼宇已成为城市碳排放的关键排放领域。楼宇能耗几乎占到了全球能耗以及碳排放量的 40%，据 IPCC 调查显示，在工业化国家能源相关

的碳排放中，建筑物所产生的碳排放占36%，我国以“三高（高层、高密度、高容积率）楼宇”为主，楼宇在碳排放总量中更是几乎占到了50%，其中楼宇采暖、空调、通风、照明的能耗占全国总能耗的30%左右。作为全国楼宇节能减碳工作的先行者和排头兵，杭州市下城区共有5000平方米以上的商务楼宇103幢，建筑面积总计达259万平方米。占到了全区碳排放总量的30%左右，如若包含家庭碳源（民居楼宇）、学校、医院、政府单位等公共楼宇，则总量将占到全区碳排放总量的60%以上。所以，楼宇碳排放已经成为下城区温室气体的关键排放源。

二是空调、照明、信息机房楼宇碳排放的三大排放源。楼宇能耗及碳排放中，电力消耗及其导致的间接碳排放占据绝大部分，而其又主要集中在空调、照明、信息机房等领域，同时，由于楼宇经济偏向于“服务产业”，信息机房的耗电量还在逐年增加。对某单位信息机房用能情况和节能潜力进行的典型调研显示，信息机房的电耗情况约占全楼用电的24.9%。据测算，信息机房用电量中，服务器等业务设备用电约占一半，空调系统用电约占另一半，其中信息中心空调占机房总用电的45%。

三是楼宇节能减碳工作仍停留于表面。36座目标楼宇中仍有15幢楼宇在使用少量的白炽灯，甚至有2幢楼宇白炽灯的使用比例达到了20%；仅有11幢楼宇使用了LED灯，占30.6%；LED灯使用比例最大的某百货大楼占全部灯具的30%左右，最小的某广场大厦仅1%左右。所以，各幢楼宇的节能减碳工作水平不一，取得的成效也有较大差异。因此，相对落后的楼宇需要首先挖掘浅层节能减碳潜力。与此同时，一些已经采取精细化能源管理的楼宇的节能减碳工作却遇到了不少“瓶颈”，节能减排潜力逐步呈现“边际递减”态势。这就要求这部分楼宇在进一步建设低碳楼宇的过程中寻找新思路、新办法、新招数，实现能源资源的深度集成，挖掘节能减排的深层潜力。

二　意识、规划、供需分析缺乏阻碍低碳楼宇建设

一是建设低碳楼宇意识亟待提高。一方面，从楼宇业主的角度看，不同楼宇之间存在较为明显的差异，特别是一些节能减排工作刚刚处于起步或还在酝酿规划阶段的楼宇，节能减排管理力度不足，需要进一步加强，一些到目前为止仍没有系统节能减排工作计划的楼宇，更是需要提高节能减排的低碳意识；另一方面，从入驻企事业单位及其员工的角度看，低碳

意识也需进一步提高，如冬夏季空调温度不按国家标准设置，一边吹空调一边开窗户等现象时有存在；政府和企业都还需要加大低碳楼宇建设的宣传力度。

二是低碳楼宇建设缺乏系统规划。一方面，低碳楼宇事关经济建设与城市规划、低碳发展与节能减排工作的各个层面，需要从社会发展的全局去考量；目前，还没有一个专门针对低碳楼宇建设的规划以及政策性文件，关于低碳楼宇建设的相关要求、规定散见于各级政府相关文件和政策举措中，显得零散，缺乏系统性。另一方面，从楼宇个体层面上看，节能减排改造是一项事关楼宇外观、内部供水线路、空调设施、信息化建设以及入驻单位企业各个方面的复杂工程，需要从全楼宇去考虑。但是，从低碳楼宇建设专题调研的问卷反馈来看，在36份有效问卷中，仅有8幢楼宇在未来3年内有较为系统的节能改造计划，仅占20%左右，其余28幢楼宇对于楼宇节能改造的规划并不十分系统，只有简单地节能改造，使节能改造工作只是停留于表面或仅仅是单项改造。

三是节能减碳供需对接断裂。36幢目标楼宇中“1幢楼宇有计划对外墙保温墙进行改造、10幢楼宇有计划对室内灯具进行更新、10幢楼宇有计划对室外景观照明灯具进行改造、3幢楼宇有计划对铝合金窗进行双层真空隔热改造、11幢楼宇有计划对楼宇智能化系统进行改造、9幢楼宇有计划对中央空调系统进行改造、3幢楼宇有计划对锅炉进行改造”；可见，节能减碳的需求是很强的，但与此形成鲜明对比的是，一些楼宇业主对一些最新的高效节能产品或能源管理系统以及设备缺乏必要的了解，供需对接处于断裂状态。

三　推进低碳楼宇建设的对策建议

一是颁布建筑楼宇节能低碳的国家标准，推动地方标准的研究与制定。国家层面要出台《建筑（楼宇）节能低碳标准》，设立建筑节能低碳的一般标准，如单位面积能耗标准、单位面积碳排放标准、电器等设备的节能标准等；各级政府按照国家标准，综合考量区域经济实力和低碳发展水平出台地方性的政策法规，原则上设置高于国家一般水平的标准。

二是开展节能减碳知识培训，提升楼宇业主入住企业及其员工对低碳楼宇和低碳产品的认识。（1）开展专题培训，将低碳科普知识、政府有关节能减排的各项政策、各种节能产品的产品信息以及各种楼宇节能减碳的技术手段、管理手段、科学方法带进楼宇；（2）充分利用电视、报纸、网络、电台等各种媒体，宣传和普及气候变化、低碳楼宇、低碳发展的相关知识，让大家认识到建设低碳楼宇对于实现城区低碳发展的重要性和紧迫性，做到科学宣传、科学引导、科学普及，不断深化低碳理念。

三是加强低碳科技与产品的推广应用，提高楼宇节能减碳水平。（1）加快硬件设施改造，如更换、使用低能耗灯具，在长亮区域将白炽灯、格栅灯、普通的节能灯泡更换成集寿命长、环保、节能等诸多特点于一体的 LED 灯。（2）加强老旧设备改造与更新。尽快停止使用甚至淘汰高能耗、高排放、低产出的老旧设备适时进行节能改造。（3）接入应用可再生能源与新能源，大力宣传太阳能光伏并网发电项目，推广太阳能等新型能源在楼宇上的有效应用。（4）推行楼宇智能自控管理。例如，楼宇安装电能实时在线自动监测系统，加强用电管理；在电梯节能改造方面，推广变频自动扶梯，以减少能耗、降低运行成本等。（5）做好低碳产品供需对接服务。政府部门要协助楼宇企业算一笔“节能账”，帮助楼宇业主认识到节能改造的成本与收益。（6）重视关键领域的节能减排。楼宇的节能改造应重点关注信息机房以及空调等领域。

四是实施低碳监控，采取奖惩措施，加快建筑楼宇节能减碳改造的进度。（1）强化统计、监测、考核工作，通过定时或不定时检查，掌握基础数据，科学分析测算，建立节能监测、评估、审查制度。其一是楼宇自查，其二是政府督查。（2）通过政府网站，对楼宇自查和政府督查的结果及时予以公开、公示，促使楼宇与楼宇之间的节能减排工作形成相互比较、相互激励的氛围，同时公开接受社会监督，促进低碳楼宇工作的深入开展。（3）对于那些具有节能空间，但节能工作迟迟不予落实的高耗能、高排放楼宇单位，通过市、区互动拉闸限电等措施，促使楼宇进行节能改造。（4）树立典型抓示范，推广成功管理经验，要将低碳示范作为政策导向予以介绍、宣传和推广，如浙江杭州“广利大厦”电耗分层计量等成功案例。（5）政府每年组织开展低碳楼宇先进单位和个人的评比，并召开表彰和经验交流大会，以评促改、以评促建，形成低碳楼宇建设激励机制。

〔该文于 2014 年被申维辰（时任中科协常务副主席）批示，提交国务院〕

文化与教育篇

关于推进职业教育改革培养高素质技能型人才服务浙江“工业强省”建设的对策

教科学院　　邱飞岳　皮江红

【提要】相对其他因素，高技能人才、高水平的职业教育在浙江“工业强省”建设中的作用并没有引起足够的重视。从系统论看，高技能人才是浙江“工业强省”建设的关键要素，培养高技能人才依赖于高水平的职业教育。围绕推进职业教育改革培养高技能人才服务浙江“工业强省”建设的问题，本文提出的对策是：优化职业教育的专业设置，提高技能型人才服务浙江“工业强省”建设的适用性；实现职业教育的产教融合，提高技能型人才服务浙江“工业强省”建设的实用性；完成职业教育的提升和协调，提高技能型人才服务浙江“工业强省”建设的可持续性。

一　“工业强省”建设中一个亟须引起注意的问题

浙江“十二五”规划确定了“富民强省”的建设目标，而“工业强省”则是实现这一目标的关键。2012 年夏宝龙书记在浙江工业强省建设动员会的讲话中强调，“工业是实体经济的主体，是推动浙江发展的引擎”。建设“工业强省”需要回答一个问题，即“工业强省”的抓手是什么？就笔者所见，“工业强省”建设关键在高技能人才，在高水平的职业教育。十八届三中全会《中共中央关于全面深化改革若干重大问题的决定》指出，要“加快现代职业教育体系建设，深化产教融合、校企合作，培养高素质劳动者和技能型人才”。从系统论的角度看，职业教育、高技能人才培养、工业强省建设之间存在着内在的逻辑关系。我们拟就该问题进行分析，并就推进职业教育改革培养高技能人才服务浙江“工业强省”建设提出建议。

二　从系统论看，职业教育、高技能人才与浙江“工业强省”建设的关系

十八届三中全会《中共中央关于全面深化改革若干重大问题的决定》指出：“必须更加注重改革的系统性、整体性、协同性。”系统方法着重于从整体上看问题，注重各要素之间的关系，从而更容易发现问题的根本与本质之所在。浙江“工业强省”建设是一个系统工程，在推进建设“工业强省”的过程中，应该从整体上把握包括技能人才和职业教育在内的影响因素，注重分析上述各个要素之间的相互作用与影响。

（一）高技能人才是浙江“工业强省”建设的关键要素

2009 年，浙江省人力资源和社会保障厅调查的结果显示，从浙江高技能人才行业分布看，制造业占 52%，交通运输业占 17%，服务业占 7%，这说明制造业是高技能人才主流。如果人才的数量结构和质量水平不能匹配产业结构的调整与优化，那么产业升级就很难进行。从国内外的实践来看，各地因缺乏高技能人才而使产业升级受挫的现象屡见不鲜。浙江工业发展中出现的创新能力不强、产品附加值低、资源消耗大、安全生产事故多等问题都与高技能工人缺乏有着很大关系。

目前，技能人才的缺乏已经严重制约着浙江“工业强省”建设战略的实施。各地频频出现的“技工荒”现象，极大地限制了浙江工业的转型升级、优化调整。技工荒不是普通劳动者的短缺，而是具有较高技能，在生产、操作一线能够解决关键问题，能够起到技术带头作用的高技能人才的缺乏。没有一支高技能的劳动大军，再先进的科学技术和机器设备也很难转化为现实的生产力。

（二）培养高技能人才依赖于高水平的职业教育

《国务院关于加快发展现代职业教育的决定》中指出，加快发展现代职业教育，对于深入实施创新驱动发展战略，创造更大人才红利，加快转方式、调结构、促升级具有十分重要的意义。职业教育与现代工业结合，可以为发展先进装备制造业、改造提升传统工业、培育发展战略性新兴工业，提供必需的人力资源和智力支持。

目前，浙江省高技能人才占技能人才的17%，其中，技师、高级技师占技能人才总量比例不足6%。比全国低8个百分点，与发达国家高级技术工人占近40%的水平相差甚远，高技能人才远远不能满足建设“工业强省”的需求。“工业强省”建设离不开职业教育的支持，需要职业教育作出更大贡献。职业教育是浙江培养高技能人才的主要途径，今后保持浙江工业经济活力的关键在于教育，特别是职业教育。

三 推进职业教育改革培养高技能人才服务浙江“工业强省”建设的对策

浙江工业发展新目标已经确定（从工业大省向工业强省、制造大省向“智造强省”迈进，建设成为全国工业转型升级先行区、全球具有一定影响力的先进制造业和现代生产性服务业基地），浙江高技能人才发展规划也已经确定（浙江省委、省政府在《浙江省中长期人才发展规划纲要〈2010—2020年〉》中提出，为适应加快产业结构优化升级的需要，要培养数量充足、梯次合理、技艺精湛的高技能人才队伍，到2015年浙江省的高技能人才总量达到160万人，并到2020年高技能人才总量达到230万人），而可以将这两者联结起来，并对两项目标实现起到关键性作用的是职业教育。因此，需要不断加大力度推进职业教育改革，培养更多高素质的高技能人才服务浙江“工业强省”的建设。其具体对策有以下几点。

（一）优化职业教育的专业设置，提高技能型人才服务浙江“工业强省”建设的适用性

专业是职业教育为产业发展培养不同类型和规格人才的载体，专业设置决定了人才培养方向，反映了对应各产业人力资源的配置比例。针对浙江的现实需求，职业教育专业设置的优化应从以下几个方面着手。

1. 大力扶持与先进制造业相关的专业。党的十八大明确指出：要推动战略性新兴产业、先进制造业健康发展。随着经济转型升级的不断深化以及产业结构的不断优化，浙江对先进制造业领域技能型人才的需求在逐年增加。但研究数据表明，浙江各地市招生人数排名前5位的专业均为会计、营销、计算机、管理等长线专业。所带来的结果是，一方面企业招不到合适的技能人才；另一方面大量的职教毕业生找不到工作，造成大量的人才浪费。因此，需要大力扶持机械仪表、电气电子、装备制造、汽车及

零部件、能源动力等与先进制造业相关专业的建设。

2. 重点发展区域产业紧缺的专业。浙江经济呈块状发展，许多区域有自己的特色产业。比如，杭州的动漫、文化创意，宁波的服饰、石化产业，台州的汽车，绍兴的印染、服装纺织，温州的皮革等。在区域性产业的组织形态分布上，服饰和皮鞋应是宁波和温州这两大区域的特色和支柱。然而，在宁波和温州职业教育的专业分布上，现代纺织技术、鞋类设计与工艺专业排名在第13和第9位。职业教育需要根据地方主导支柱产业发展的方向，加快开展紧缺专业建设，积极构建与地方产业结构相配套、具有地方特色的职业教育专业结构体系，培养适应区域经济发展的专门人才。

3. 积极拓展与产业转型升级密切相关的新兴专业。浙江“工业强省”建设的一个重要内容，就是抓住网络信息技术、新材料技术、低碳技术、生物技术发展和商业（商务）模式创新的机遇，大力发展“智能、低碳绿色、健康安全、服务型”制造业。按照浙江省高技术产业发展规划的要求，在通信设备、数字电子产品、生物医药、生物芯片等新兴产业领域，浙江要力争建立起具有国际水平、拥有自主发展能力的产业群体。在浙江职业教育体系中，服务于新能源、新材料、互联网、低碳、环保、绿色经济等战略性新兴产业专业较少，上述新兴产业中技能型人才十分紧缺。

（二）实现职业教育的产教融合，提高技能型人才服务浙江“工业强省”建设的实用性

《国家中长期教育改革与发展规划纲要（2010—2020年）》明确指出：“职业教育要实行工学结合、校企合作、顶岗实习的人才培养模式。”结合浙江实际，实现职业教育的产教融合，关键在于实现专业教学内容和职业岗位能力要求的有机衔接。

1. 推进工作过程系统化的课程开发模式。职业教育专业课程内容必须对接最新职业标准、行业标准和岗位规范，紧贴岗位实际工作过程。在企业实践领域中，职业知识内嵌于工作任务的工作过程之中，因此要实现专业教学内容与职业知识和能力要求的有机衔接，在开发职业教育课程时，要以职业岗位的工作任务为核心，通过工作过程分析获得工作过程知识的结构要素，以此来组织与更新课程内容。

2. 开展教学方法等改革创新项目。持续深化浙江省职业教育教学改

革成果，创新教学方式与方法。要根据不同专业高技能人才培养目标、教学要求和课程特点，创立多元化教学方式，深入地推广工作过程导向教学、项目教学、案例教学、情境教学、模拟实验等新型教学模式，强化教学、学习、实训相融合的教育教学活动，实现生产过程与教学过程的整合。广泛运用启发式、探究式、讨论式、参与式等互动式教学方法，充分发挥学生的主体地位与作用，激发学生的学习兴趣和积极性。借鉴职业技能竞赛成功经验，促进职业学校技能竞赛活动与日常教学工作紧密结合、良性互动。

3. 构建网络学习环境，提高职业教育信息化水平。

第一，为更好地开展网络教学，需要从职业教育的角度出发，构建适合于职业教育教学特点的网络教学平台，实现基于网络环境的项目学习活动的开展，体现出职业教学中工作过程导向的特点。

第二，大力推进浙江省职业教育数字化资源建设基地项目、浙江教育资源网、浙江职业教育资源网等资源的建设，并支持与专业课程配套的虚拟仿真实训系统开发，构建职业教育数字化资源体系。针对职业教育特点，各类资源最好依托学习项目，依据工作过程的流程展开，是学生在完成一个学习项目时需要的全部资源，旨在帮助学习者完成相应的工作的过程，由此推进职业教育数字资源在教学中的有效应用。

第三，培养一支职业教育资源建设与应用的骨干教师队伍，引领和带动浙江省职业教育数字化资源建设与应用工作，积极探索信息技术与职业教育深度融合的教育新模式。

（三）完成职业教育的提升和协调，提高技能型人才服务浙江“工业强省”建设的可持续性

浙江“工业强省”建设是一个长期的过程，并且随着经济社会发展的变化，“工业强省”的内涵也在不断丰富。为了提高服务浙江“工业强省”建设的可持续性，需要在以下几个方面完成职业教育的提升和协调工作。

1. 提升浙江职业教育的层次。为了进一步满足浙江区域先导产业和高新企业对“更高”素质的能型人才的需求，政府相关主管部门需要采取措施推动在浙江形成与产业水平及社会需求相一致的人才培养层次结构。《国家中长期教育改革和发展规划纲要（2010—2020年）》提出：“到2020年，形成适应经济发展方式转变和产业结构调整要求、体现终身教

育理念、中等和高等职业教育协调发展的现代职业教育体系。”

从浙江的现实情况看，需要采取的具体措施是：政府主管部门必须站在新的更高起点上，着力突破高职教育仅限于专科层次的限制，实现向技术应用本科及以上层次的“合理延伸”和“有机衔接”。建立与普通教育并行和相互沟通的职业教育体系，开通中职到高职专科、本科的通道。

2. 协调浙江各层次职业教育的发展。政府应该出台政策推动以下具体措施的实施：其一，注重发挥中等职业学校的基础作用，重点培养技艺技能型人才。技艺技能型人才主要是操作运输设备、生产设备以及直接对物品进行加工的高技能人才。其二，支持高等职业院校发挥引领作用，重点培养技术技能型人才。技术技能型人才主要以产品装配、调试、验收等岗位工作的高技能人才为代表。其三，推动设置本科层次的职业院校，重点培养复合型技能人才。复合型技能人才主要以单件生产、产品开发、研制过程中加工、组装、改进岗位的高技能人才为代表。其四，鼓励探索与技能人才培养相衔接的专业学位研究生制度，培养创新型技能人才。创新型技能人才不但要具有深厚的加工理论，还要具有深厚的设计基础，可以依托浙江已开设职业技术教育硕士专业的研究型高校来进行培养。

相比其他省份，浙江是名副其实的“地域小省”和“资源小省”。然而，浙江人却创造了“零资源经济”高速发展的奇迹，将一个贫穷落后、资源匮乏的浙江，建成了适应全球化市场的制造业基地，并将浙江打造成了初步繁荣的小康家园。浙江的成功在很大程度上离不开职业教育的发展，职业教育使得浙江可以充分利用唯一还算丰富的资源——“人力”，最终取得了成功。面对新的机遇期，在“自强不息、坚韧不拔、勇于创新、讲求实效”的浙江精神的指导下，浙江职业教育一定能够再次担当历史使命，助推浙江“工业强省”梦的实现。

〔该文于2013年被毛光烈（时任副省长）批示、省政府采纳〕

政治与法治篇

关于统筹浙江省自贸区研究力量推进协同创新的建议

法学院　　陈利强

【提要】舟山群岛新区获批至今，浙江省已初步形成以省政府咨询委等部门为主的7支自贸区研究力量，但力量相对分散且无法形成合力，不利于提供智力支持及政策建议。尽快统筹自贸区研究力量，促进跨界整合资源，积极推进协同创新，对复制上海自贸区制度创新经验、推进浙江省自贸区申报和建设以及加快构建浙江省开放型经济新体制是非常必要的。“自由贸易园（港）区法治研究中心”以自贸区法治建设为使命，以推进协同创新为己任，完全可以担当起统领其他自贸区研究力量、推进协同创新的重任。建议尽快建立以中心为主导的“自贸区研究合作机制成员单位会议”的工作机制与“自贸区法治建设协同创新中心”，同时建议尽快利用课题研究、法学沙龙、论坛研讨、法治宣传等平台，促进自贸区研究成果转化应用，展示中心的示范引领作用。

2014年5月10日，省法学会决定成立“自由贸易园（港）区法治研究中心”，旨在在全国率先打造自由贸易园（港）区法治建设的实战型高端智库，同时搭建省法学会服务省委省政府决策的新平台。在中心成立前后，中心主任、浙江工业大学法学院陈利强教授带领团队，多次赴上海自贸区及高校自贸区研究机构调研，与省商务厅等职能部门就浙江省自贸区申报开展交流研讨，提出浙江省应当借鉴上海做法，尽快统筹自贸区研究力量，促进跨界整合资源，积极推进协同创新，重构制度创新的路径依赖，为浙江省自贸区建设打好基础开好局。

一　统筹自贸区研究力量推进协同创新的必要性

上海自贸区旨在为全面深化改革和扩大开放探索新途径、积累新经验，而作为国家战略，其核心任务是制度创新。因此，推动制度创新成为浙江省以开放促改革、促发展、促转型的关键工作。舟山群岛新区获批至今，浙江省已初步形成以省政府咨询委、省人大常委会法工委、省政府法制办、省发改委和省商务厅、杭州海关、省高院及省法学会等部门为主的7支自贸区研究力量。当下，统筹研究力量、推进协同创新应当成为浙江省在复制上海经验、加快自身建设及构建开放型经济新体制等方面促进制度创新的重要举措。

1. 统筹研究力量、推进协同创新对浙江省积极复制上海自贸区制度创新经验、推进“四大国家战略举措”至关重要。

当前，在中央紧急叫停自贸区申报流程背景下，浙江应当快速复制、转化上海自贸区的制度创新经验，为浙江省推进“四大国家战略举措”注入新动力。挂牌运行至今，上海自贸区已形成36项可复制、可推广的制度创新做法或经验，涉及投资准入、工商登记、通关便利、海关监管、金融服务、政府管理模式等领域。这些制度创新经验跨涉发改委、商务、工商、海关、金融等不同行业或部门，与浙江省“四大国家战略举措”高度对接。为此，浙江省应当统筹现有力量，积极整合资源，推动协同创新，更快更好地复制、转化这些先进经验，从而推进“义乌试点”与“温州金改”以及促进舟山港综合保税区向自由贸易港区转型发展。

2. 统筹研究力量、推进协同创新对浙江省推进自贸区申报和建设至关重要。

当前，省发改委、省商务厅及舟山市政府牵头负责浙江省舟山自贸区申报工作。省政府咨询委借助中国国际经济交流中心力量，积极为舟山自贸区建设建言献策。省人大常委会法工委、省政府法制办分别邀请省外专家谋划舟山自贸区建设的法制保障。杭州海关与省高院等职能部门分别由主要领导牵头，建立了相应的课题组。由于行政管理体制的条块分割以及部门利益驱使等多方面因素，浙江省自贸区申报和建设工作呈现出“三界”各行其道的碎片化格局：一是与自贸区密切相关的经济学、法学与公共管理学三大学科没有实现交叉融合，如在由省发改委牵头组建的自贸区申报工作组中，所有成员几乎全部是搞经济学与公共管理学的，法学专家缺失；二是上述政府职能部门之间各自为政，前期研究工作缺乏协调配合；三是在政府职能部门牵头的相关课题研究中，高校专家学者参与程度不高。在中央暂停批准自贸区的前提下，浙江省应当抓紧时间做好跨界整合资源的大文章，积极推动跨学界、跨实务界（跨行业或跨部门）以及跨学术与实务部门之间的资源整合，凝聚力量，推进协同创新，促进制度创新，合力破解自贸区申报和建设中的各种难题。

3. 统筹研究力量、推进协同创新将对浙江省加快构建开放型经济新体制产生积极的示范带动作用。

2003 年省委提出的“八八战略”之一的体制机制优势本质上就是制度优势，因此应当再创造制度新优势，为浙江省开放型经济继续走在全国前列提供制度保障。在浙江省经济增速放缓、转型升级压力加大的背景下，促进制度创新，对创新外贸发展方式、外资利用方式、对外投资方式及开发平台建设等具有重要的促进作用。统筹研究力量、推进协同创新，重构制度创新的路径依赖，不仅有助于推动我省自贸区制度创新，而且有助于推进“义乌试点”、跨境电子商务立法以及中国（杭州）网上自由贸易试验区建设等战略，从而将对浙江省加快构建开放型经济新体制产生积极的示范带动作用。

二　统筹自贸区研究力量推进协同创新的可行性

重构路径依赖，旨在推进制度创新，而推进制度创新离不开法治。作为省法学会服务省委省政府决策的法治智库，“自由贸易园（港）区法治研究中心”完全可以担当起统领其他自贸区研究力量、推进协同创新的重任。

1. 中心以浙江省自贸区法治建设为使命，积极促进制度创新经验法治化。

美国、新加坡、迪拜、韩国等国家或地区的实践经验表明，法治，尤其像“先立法、后设区”惯例是各国建设好自由贸易园（港）区的关键因素。用法治思维和法治方式推进改革、促进制度创新并固化制度创新经验是上海自贸区建设的基本思路。当前，上海市人大常委会正在制定《中国（上海）自由贸易试验区条例》，用地方性法规形式将上海自贸区已形成的制度创新经验固定下来并加以复制和推广。省法学会作为省委、省政府联系全省立法、执法、司法、法律监督及普法等部门的桥梁和纽带，担负浙江省自贸区法治建设的重要职责，同时拥有其他省级职能部门不具备的人才多、机制活、辐射面广、全局意识强等综合优势。因此，作为省法学会的新型平台，"自由贸易园（港）区法治研究中心"完全可以利用省法学会的职能优势，构建创新型工作机制，将上海与浙江省商务、海关、检验检疫、高院等职能部门的制度创新实践加以总结和提炼，促进制度创新经验的法治化。

2. 中心以推进协同创新为己任，打造浙江省自贸区法治建设的实战型高端智库。

跨界整合自贸区研究资源、推进法治建设协同创新是中心的核心任务。至今为止，中心在组织架构方面已经打下了扎实的基础：一是借助作为我国 WTO 事务高端智库的对外经济贸易大学中国 WTO 研究院力量，完成自贸区建设的经济学与法学资源整合；二是借助学术顾问机制，聘请上海市人大常委会法工委主任、省人大常委会法工委主任及省政府法制办副主任等职能部门的相应领导担任顾问，促进自贸区研究的交流和合作；三是借助省法学会 30 多个专业研究会力量，构建与国际经济法学研究会联动的工作机制，建立起一支汇聚省内外高校（包括浙大、浙工大、上海财经大学等）、省社科院法学所及知名律所等优秀人才的高素质研究员队伍。因此，中心完全可以在推进协同创新、促进浙江省自贸区法治建设方面发挥统领作用。

三　统筹自贸区研究力量推进协同创新的具体建议

统筹浙江省自贸区研究力量、推进协同创新的关键在于构建以"自由贸易园（港）区法治研究中心"为主导的协同创新中心及工作机制，并扎实推进各项重要举措落地见效。

1. 建议尽快建立以中心为主导的"自贸区研究合作机制成员单位会议"的工作机制，将中心逐步打造成为浙江省"自贸区法治建设协同创新中心"。中心可以利用学术顾问机制，聘请省发改委、省商务厅、杭州海关、省检验检疫等自贸区职能部门的业务专家担任中心顾问，并以此为基础，借鉴"浙江省法学会法学研究合作机制成员单位会议"的做法，构建浙江省"自贸区研究合作机制成员单位会议"的工作机制。中心要定期举行自贸区研究交流和合作会议，逐步将该工作机制"制度化"，并适时建成我省“自贸区法治建设协同创新中心”。与上海的“自贸区协同创新中心”（仅高校之间的协同创新）相比，该中心更加注重实务部门之间以及学界与实务界的跨界协同创新。

2. 建议尽快利用课题研究、法学沙龙、论坛研讨、法治宣传等平台，促进自贸区研究成果转化应用，展示中心的示范引领作用。当前，中心应当采取一系列重要举措，快速确立统领地位：一是共同制定自贸区研究题库。以上海自贸区为参照，与现有的几支研究力量联合规划浙江省自贸区建设中的战略性、全局性和国际化课题，并开展沟通交流与合作研究。二是共同举办自贸区法学沙龙。联合省商务厅、杭州海关及省检验检疫等职能部门，开展浙江省贸易便利化与投资自由化制度建设的实证调研，并促进上海自贸区制度创新经验落地浙江。三是共同举办自贸区立法研讨。借鉴上海经验，提前谋划“浙江省舟山自由贸易港区条例”的制度设计，厘清涉及金融、海关、检验检疫、税务等国家事权及中央专属立法权限及范围，搞清楚浙江地方性法规的制度创新空间和范围。四是共同举办自贸区法治宣传活动。联合省人大常委会法工委、省政府法制办、省高院等职能部门，利用“百名法学家百场报告会”等平台，组织专家赴舟山等地开展自贸区法治宣讲活动。

（该文于2014年被省委副书记王辉忠批示，被省商务厅、杭州海关等采纳）

浙江海外劳工安全保障对策建议

致公党浙江工业大学委员会课题组

法学院　　黄伟锋

【提要】浙江省地处沿海，人多地少，劳动力充裕，对外劳务输出已经成为浙江省解决城镇失业人口及农村剩余劳动力就业的有效措施之一，也是增加外汇收入的重要途径。浙江人历来以勇于闯荡闻名，在一些战乱、动荡、社会治安比较差的地区总能看到浙江人的身影，因此，浙江海外劳工面临的安全风险比其他省份的海外劳工要大。针对浙江海外劳工面临的人身、财产安全风险，报告从三个方面提出了海外劳工安全保障对策。政府层面：应当制定专门保护海外劳工安全的法律，完善行政管理制度；建立海外劳工风险防范和应急处置机制，有效利用领事保护制度。企业层面：企业要增强海外安全风险意识，增加安全防范安保措施；加强对劳工的安全教育；践行企业社会责任，保障劳工利益，助力当地经济发展。海外劳工自身层面：海外劳工自身要提高对劳务风险的预防和风险发生后的自救能力，强化法律意识，提高运用法律维护自身合法权益的能力；要积极了解当地的语言、法律、风俗，融入当地社会；要加强海外劳工间的彼此联系，增强团结互助。

中国加入 WTO 以后，对外经济技术交流与合作在深度和广度上都得到发展，2009 年底仅官方统计在册的在外各类劳务人员就有 77.8 万人，截至 2009 年底累计派出 502 万人，散布在全球 180 多个国家和地区。由于中国海外劳工越来越多，劳工的安全问题也日益突出，劳工纠纷、恐怖袭击、刑事犯罪、天灾人祸等各种棘手、繁多的问题严重威胁着中国海外务工人员的权益甚至生命安全，日益成为国家和社会关注的焦点。

浙江省地处沿海，具有人多地少、劳动力充裕，但经济技术基础好、商品出口全国领先，且海外联系广泛等特点，发展劳务输出有明显的优势。对外劳务输出已经成为浙江省解决城镇失业人口及农村剩余劳动力就业的有效措施之一，也是增加外汇收入的重要途径，目前浙江城乡富余劳动力有几百万，如向海外输出 10 万人就能非贸创汇 7 亿美元以上。改革开放以来，浙江的海外劳务活动有所增长，但总体规模偏小，2008 年末外派劳务人员仅 2.5 万人左右，比 2002 年末的 2.8 万人减少了 3000 多人；技术层次偏低；从事的行业狭窄，集中在建筑、制造业等，国际劳务市场需求量很大的服务业涉及的人较少。浙江虽然算不上劳务输出大省，但浙江人历来以勇于闯荡闻名，在一些战乱、动荡、社会治安比较差的地区总能看到浙江人的身影，如伊拉克、巴基斯坦、南非、俄罗斯等地都有浙江劳工在活动，因此，浙江海外劳工面临的安全风险比较其他省份的海外劳工要大。可以说中国海外劳工所面临的安全风险浙江海外劳工都可能被涉及。

一　浙江省海外劳工安全风险的表现形成及成因

从海外劳工面临的人身安全风险来看，主要表现在以下几个方面。

1. 动乱、恐怖活动导致海外劳工死伤的安全风险。

中国的对外劳务输出主要集中在亚洲、非洲和欧美。而在亚洲地区，中国海外劳工又主要集中在东亚、东南亚以及中东这些局势动荡以及战乱的地方，这些国家或地区的恐怖和极端分子时常发动恐怖袭击。如 2004 年 6 月 10 日凌晨，阿富汗昆都士南部中铁十四局在盖劳盖尔的工地，一伙武装人员闯入工地射击，11 名中国工人丧生，4 名中国工人重伤。2007 年 7 月 8 日晚间，3 名中国工人在巴基斯坦西北部城市白沙瓦遭不明身份武装分子袭击身亡，另有 1 名中国工人伤势严重。在战火纷飞的伊拉克，中国人也不再享受友好的待遇。如 2004 年 4 月 11 日，7 名中国人被不明身份的伊拉克武装组织绑架，第二天才被释放。

在非洲，中国海外劳工频遭绑架和恐怖袭击。2007 年 1 月，5 名四川通信建设工程公司的员工在非洲尼日利亚被绑架；同月 25 日，中石油员工在尼南部遭武装人员袭击，9 人被绑架。3 月，2 名在尼日利亚工作的浙江公司人员被当地武装分子绑架，这是一年内中国公民第三次在当地遭遇绑架。2007 年，在埃塞俄比亚的欧加登地区，中国中原油田勘探局营地被反政府武装袭击，包括 9 名中国人在内共 74 人死亡，酿成中国海外工程最严重的人员损失。2008 年底，在苏丹的南科尔多瓦省，中石油员工遭到不明身份武装人员袭击，最终导致 5 人死亡。

2. 刑事犯罪导致海外劳工死伤的安全风险。

在政局动荡的中东、俄罗斯及非洲等地，危险无处不在。除了战乱或者恐怖主义袭击，更加经常的威胁则来自日常生活。由于有些中国人露财，在面对危险时采取妥协的方式，所以，抢劫、偷盗等刑事犯罪分子很容易选择中国公民作为侵犯的对象。在非洲，当地居民认为是“中国工人抢走了他们的饭碗”，因此针对中国海外劳工的刑事犯罪频发。如 2005 年阿尔及利亚西部城市奥兰的一家中国餐馆某日夜里发生血案，一名中国建筑工人被当地歹徒杀害。南非社会治安恶化，据统计，2004 年发生了 60 多起针对中国人的抢劫、绑架和枪击案，造成 22 名中国公民被害身亡。2005 年 10 月 17 日，两名中国劳工遭南非当地人持枪抢劫并被杀害。而在俄罗斯，中国海外劳工的安全受到了俄罗斯的黑社会“光头党”的严重威胁。2004 年 4 月 7 日，浙江温州籍劳工杨某收工后，在俄罗斯一个地铁口惨遭“光头党”群殴，最终被打得昏死过去。俄罗斯的警察已经同海关和光头党一起，成为旅俄华人的“三怕”。如 2005 年 5 月 11 日在俄伊尔库茨克市发生了当地警察殴打中国工人的事件，有 100 多名中国民工遭到殴打，其中 20 多人重伤。

3. 工伤、意外事故导致海外劳工死伤的安全风险。

中国海外劳工在国外务工期间，还时常遭受工伤事故侵袭，生命财产面临风险。如 2004 年 3 月 16 日，土耳其北部宗古尔达克省库兹鲁煤矿发生瓦斯爆炸，5 名中国工人当场遇难，2 人受伤。2008 年 1 月 7 日，一场突如其来的爆炸，夺走了在韩国京畿道利川市某冷库打工的 12 名中国工人的生命。到韩国务工的中国劳工大部分从事 3D 工种——“危险、艰苦和高污染”（Dangerous、Difficult、Dirty）工作。据中国驻韩使馆领事部提供的数据，2007 年共有 43 名中国籍劳工在韩国务工时死亡，占到外籍劳工工伤死亡总数的 45% 左右。

因非法偷渡、自然风险等意外事故也出现了多例中国海外劳工伤亡事件。如2000年6月，英国多佛尔港的海关人员在一辆货柜车的集装箱内发现60名中国非法入境者，58人被闷死，仅有2人幸存。2004年2月5日，非法在英国打工的23名中国劳工，受雇在西北部兰开夏郡莫克姆海湾海边捡贝壳，遇上潮涨，被大浪卷走，21人淹死，2人下落不明。2004年3月14日在哈萨克斯坦，中国石油天然气集团公司9名职工被泥石流吞噬。

在相对安全地带的欧美、日韩、拉美和大洋洲等地区，社会治安基本状况较为稳定，恐怖袭击、绑架、刑事犯罪等恶性事件较少，但拖欠工资、偷盗和诈骗等危害劳工财产和合法权益的事件却频频发生。

从海外劳工面临的财产安全风险来看，主要表现在以下几个方面。

1. 侵害海外劳工的工资收益权。

中国的海外劳工出国务工主要的目的是获得高收入，但境外雇主却故意克扣或者拖欠工资，侵害了中国海外劳工的财产安全。据日本厚生劳动省2006年对接受研修生的企业进行调查显示，730家企业涉嫌违反日本劳动基准法，存在延长工时、拖欠工资的行为。2008年8月22日，日本山梨县昭和町一家洗衣工场工作的6名湖北女实习生，因要求提高工资，被公司方面强制送返回国。2009年3月7日，近200名中国劳工在中国驻罗马尼亚使馆门口露营扎寨，原因是中国劳工遇到了无工可上、罗雇主公司发不出工资等情况，罗方雇主还单方面解除双方合同，以致劳工们的签证超期成为非法滞留。“黑外劳”问题则更严重，中介几乎无一例外向劳工收取“保证金”，金额从两三万人民币，一路水涨船高到近10万元人民币。一旦出现海外劳工领不到薪水的现象，中介、劳务公司毫无损失，而外劳却损失巨大，许多农村籍劳工系借钱缴纳“保证金”出国，一旦碰上这样的不幸事件，后果十分凄惨。

2. 黑中介诈骗侵犯海外劳工的财产权利。

风险最大的不是通过正规途径出去的劳工，而是“黑”中介带出去的非法出国打工者，我国每年通过中介劳务输出到境外的打工者有30万人之多。日益泛滥的黑中介已成为海外劳工人身财产权利受侵害的主要威胁来源，这些被欺骗的海外劳工轻则倾家荡产，重则在国外受牢狱之灾。如在2003年，32名福州市平潭县劳工去马来西亚务工被中介欺骗，被马来西亚警察抓进了难民营。2007年1月30日，27名农民工被浙江省国际交流中心境外移民中心送往马来西亚，但因出境手续不全，非但没有挣到一分钱，反而被当地移民局扣留。2009 年 9 月，新加坡的黑中介伪造工作准证，骗取中国海外劳工的大笔血汗钱。黑中介非法经营的日益猖獗，不仅使打洋工受骗成为近年来国内境外劳务输出市场一个突出问题，而且严重损害了中国劳工在国际市场的形象，直接影响了中国劳工合法的境外输出。

3. 经济民族主义与各类经济风险造成海外劳工的财产损失。

中国企业到海外从事工程承包一般是把国内的员工也带过去，很少雇用当地人；当地人不能从中获益，自然会产生敌意，指责中国掠夺矿产资源。如巴基斯坦的地方部落武装就指责中央政府向当地引入外资和外国工人，侵害了他们的经济利益，他们因此产生不满。而在非洲，许多居民都觉得没有从石油发展中受益，于是指责政府并迁怒到那些获得政府批准进行开采的外国公司和工人头上。如自 2006 年初以来，尼日利亚已有 200 多名外国人被当地武装组织绑架，中国海外劳工也是绑架受害者。经济风险对中国海外劳工的影响巨大，这类风险的特点是影响面大、扩散性强，往往侵害到中国海外劳工整个群体的财产利益。主要有：一是汇率风险，当前人民币升值、美元贬值的趋势使以美元为结算工资的中国海外劳工财产权益严重受损。二是东道国汇款机制不健全的风险，如 2004 年 1 月，上千名在新加坡工作的中国劳工将挣来的血汗钱 700 多万新元交付当地一家注册汇款公司汇寄后下落不明，损失惨重。三是竞争性风险，中国的海外劳工技术含量普遍较低，可替代性强，印度、菲律宾等国的劳工具有语言优势，竞争力强于我国的劳工。四是经济政策风险，如 WTO 规定 2005 年 1 月 1 日起取消全球纺织品配额，中国派往部分国家的纺织制衣劳务因此受到不同程度的影响。2005 年以来，毛里求斯、塞班、莱索托发生了数起纺织服装厂关闭事件，已导致大批外派劳务人员提前回国。五是合同风险，这是中国海外劳工面临财产权利受侵害的普遍原因，如外方雇主、劳务中介或劳务人员违反合约，从而引发劳务纠纷等。此外，中国海外劳工在国外遭受外国雇主单方面毁约也是中国海外劳工财产受侵害的表现之一。例如，2006 年 1 月 3 日，罗马尼亚巴克乌市的一家制衣厂，当地厂方突然推翻了原先签署的合同，单方面提高了劳动量，使得工人无法获得原来的工资，造成财产损失。还有外国雇主违反安全规定引起的中国海外劳工生命财产受损失的事故，如前述发生在韩国的利川冷库爆炸案，就是由于冷库负责人完全忽视安全规范，为缩短工期强行施工所致。

从上述海外劳工安全风险的表现分析，我们认为形成海外劳工安全风险的成因主要有五个方面：第一是由于国际政治动荡形成的动乱与国际恐怖主义活动，这是直接危害中国海外劳工人身安全的重要方面；第二是国际层面的劳工保护法制的缺失以及中国海外劳工权益保护的立法空白，境外劳务纠纷发生时海外劳工没有办法依法维权；第三是由于中国政府监督管理不力，未能切实有效地惩治黑中介，海外劳工安全的预防和救助机制不尽完善；第四是部分中国海外投资企业社会责任感缺失、预防保护措施不到位；第五是海外劳工本身法律和安全意识淡薄、自我保护能力欠缺。

随着经济全球化的进一步发展和我国“走出去”战略的深入实施，必将有更多的中国劳工和工程承包队伍踏出国门，在国际市场经受磨砺，艰难创业。在浙江海外市场不断拓宽、海外劳工不断增多的情况下，面临的安全形势越来越严峻，如何确保浙江海外务工人员的安全，成为摆在浙江省政府面前一个十分重要的问题，政府应当以“执政为民”的理念重视保护海外劳工安全的问题。针对前述海外劳工所遭遇的人身与财产风险的表现形式及成因，浙江省政府应当采取积极有效的措施，防范和应对浙江海外劳工安全风险的挑战，构建政府、企业（主要指国内劳务输出企业，承包工程企业）、劳工自身“三位一体”的海外劳工安全保护的模式。

二　浙江省海外劳工安全风险的防范与对策

（一）政府层面对海外劳务风险的防范和应对

首先应明确保护海外劳工人身和财产安全是政府义不容辞的职责，这体现了中国政府奉行的“执政为民”“以人为本”的执政理念。浙江省政府主要应从两方面着手防范和应对海外劳工的安全风险：一是从立法和行政管理的角度防范海外劳务风险；二是建立海外劳务风险防范和应急处置机制。

1. 制定专门保护海外劳工安全的法律，完善行政管理制度。

（1）制定专门保护海外劳工安全的法律。

当务之急是要尽快制定一部专门保护海外中国劳工人身和财产权利的国家法律，以国家立法的形式保护海外劳工安全。目前我国缺乏专门的法律法规来规范和管理涉外安全事务，保护境外人员与机构安全。浙江省作为外向型经济发达的省份，理应在推动国家制定专门保护海外劳工安全法律这方面走在前列。为此，浙江可以在这部国家基本法出台之前，通过省人大地方立法的形式，规范浙江省对外劳务输出市场，为海外劳工的安全从源头上做好保障，积极探索海外劳工安全的有效防范措施与应急处置机制，为将来国家立法提供可资借鉴的范本。建议立法思路从以下几方面考虑：第一，立法应明确政府、机构与个人在涉外安全上的地位与作用，政府要利用国家资源，重点解决机构（对外投资企业、承包公司等）力所不能及的涉外安保工作；第二，应规定相关职能部门在中国境外人员与机构安保工作中的职责任务，形成统一协调领导、分工明确、重点不同的完善的涉外安全工作机制；第三，立法应强制中国“走出去”企业公司的安全防范资质认证，使其增加相应的安全成本投入，制定内部安全防范措施与应急处置预案，为境外工作人员投入安全保险；第四，立法应明确使中国涉外安全工作走上法制化轨道，避免涉外安全事件处理的政治化，做到无论事件大小，都可依法处理，一旦有事发生，相关人员职责清晰。依法处理涉外安全事件，可有效节约资源。

（2）完善行政管理制度，明确各管理部门的职责。

浙江省政府应推进对外劳务合作体制改革和行政管理体制改革，真正做到权责一致；推动成立对外劳务合作商会，建立外派劳务援助机构，设立外派劳务援助基金，向外派劳务人员提供投诉、调解和法律援助服务；建立对外劳务合作专项基金，积极推动出台财政、税收、信贷、保险等多方面鼓励措施，并将支持重点放在外派劳务人员培训方面，以提升外派劳务的质量和水平；制定《对外劳务合作协议范本》，有重点、有区别、有针对性地与外商签约；督促劳务输入国政府加大对当地不法雇主和中介的打击力度，保护海外劳工的应有权益。

浙江省政府还应加强海外安全的宣传工作，要强调海外劳工与法人的守法意识，尤其要重视当地习俗、宗教等社会伦理与道德规范的“软约束”作用。同时，可以利用各种友好关系如“合作伙伴”“友好城市”等机制，通过外交途径，在安全事件发生后积极开展救助和善后救济处理工作，以降低海外劳工的损失。

目前负责浙江对外劳务合作业务的管理与协调是由浙江省商务部门承担的，省外事办、发改委、公安局、劳动和社会保障部、建委、海关、工商行政管理局、外汇管理局等部门从各自分管业务角度出发，负责管理外派劳务所涉及的事务。协助商务主管部门打击违法违规行为，共同维护经营秩序，防范风险，处置突发事件。但纵观各国对外劳务输出的管理体系，绝大多数国家都是由政府劳动（劳工）部门主管，因为劳务输出的本质是劳动力的国际市场流动，劳工保护是国家劳务输出管理的最重要的原则。对此，还应做深入调查研究，由省政府牵头理顺对外劳务派遣的管理体制。

行业协会从行业规范角度对防范外派劳务风险事务进行指导、协调、服务、监督，还可以在海外设置机构形成民间保护力量，如 2004 年 6 月，商务部辖下的中国对外承包工程商会在韩国正式成立海外劳务中心，专职处理在韩劳务纠纷等业务。以此为契机，浙江的相关民间行业协会亦可在省政府的支持下，在浙江海外劳工比较集中的国家成立类似的组织保护境外劳务人员，拓宽保护渠道，实现保障机制的突破。

海外劳工在国外的人身和财产安全频频受到困扰，主要原因之一是对劳务输出监管不力，导致海外劳工输出企业鱼龙混杂，为海外劳工安全埋下了隐患。浙江省应该对劳务输出企业进行有效的宏观管理和协调，这是消除海外劳工安全隐患、保护海外劳工人身和财产权利最有效的预防手段。浙江省 2008 年末商务部批准的对外劳务合作企业仅 16 家，但各类从事海外劳务输出的企业有数百家之多，其中不乏众多黑中介公司，成为引发劳务纠纷侵害海外劳工权益源头。因此，浙江省政府应当通过计划、组织、协调和控制这四方面的职能来对海外劳务输出企业进行全面的管理。通过清理整顿，对那些资质不好、管理不善、与市场经济不相适应的中介组织，取消其资格，并在媒体曝光；而对那些打着中介旗号，实际上是进行坑蒙拐骗的黑中介进行严厉打击，构成犯罪的，转交有关机关依法追究其刑事责任。

2. 建立海外劳工风险防范和应急处置机制，有效利用领事保护制度。

领事保护是指派遣国的领事机关或领事官员，根据本国的国家利益和对外政策，在国际法许可的范围内，在接受国内保护派遣国及其国民的正当权利和利益的行为。由于劳工在海外工作，安全问题需要与所在国政府的密切合作才能解决，这就离不开领事保护制度的运用。浙江省政府作为地方政府是无法通过直接的外交磋商来保障海外劳工的安全的，一定要有效地利用领事保护制度，建立海外劳工风险防范和应急处置机制。

当前国家领事保护协调、预警以及应急处置机制已初步建成，如 2004 年 11 月，经国务院批准，由外交部牵头、国务院有关部门参加的境外中国公民和机构安全保护工作部际联席会议制度成立。安全保护工作部际联席会议制度建立后，妥善处置了印度洋海啸紧急救援、所罗门群岛骚乱撤侨等多起重大突发领事保护事件。领事保护预警机制就是通过各种渠道，及时地向民众发布涉及海外安全的预警信息，同时在防范危机和应付危机方面加强对出国公民和在海外运营的企业的教育与培训，提高海外公民和企业的防范和应对危机的能力，尽量减少领事保护案件。目前，外交部的预警服务措施包括：不定期发布旅行警示，建议公民避开局势动荡、治安混乱的国家和地区；对一些高危国家实行安全公告制度；在有条件的驻外使领馆建立中国公民自愿登记制度，以便紧急情况时能够快速处理；2008 年 6 月 30 日外交部领事司发布了《中国境外领事保护和服务指南》2008 年插图版，宣传寻求领事保护的基本知识；各驻外使领馆逐步建立新闻发布制度，及时向外界通报重大突发领事保护事件的相关信息；等等。领事保护应急机制是为了应对突发事件，在突发事件发生时就能够做到反应快捷、措施得当、效果明显。在外交经费上，还专门划拨了相当额度的款项，用于依法保护在海外的中国公民和华侨的权利。外交部建立了处置境外重大案件应急预案，一旦发生涉及中国公民或法人重大人员伤亡或财产损失的突发事件，就会迅速启动应急机制。从实践来看，目前的应急机制是快速高效的。如 2006 年 2 月，3 名中国工程师在巴基斯坦遇袭身亡后，我国政府只用了 3 天时间就妥善处理了各项善后工作。几次重大撤侨行动也非常迅速，2006 年 11 月 16 日汤加发生骚乱，11 月 23 日，193 名侨胞便乘机转斐济平安抵达厦门。浙江省政府要充分且有效利用领事保护机制，建立海外劳工风险防范和应急处置机制，具体来说，首先要做好出国务工人员的安全教育，提高出国务工人员的综合素质和法制观念。作为发展中国家，中国的普法教育还不完善，海外劳工法制观念落后，对领事保护的理解不深，对所在国的法律知之甚少。故而加强海外务工人员法律法规方面的教育能够起到防患于未然的作用。同时加强出国务工人员规避风险的教育和防范危机的培训，引导他们积极主动融入当地社会，遵纪守法，最大限度地降低海外安全风险，提高海外务工人员和企业的风险防范能力。

（二）企业层面对海外劳务风险的防范和应对

“走出去”的浙江企业必须转变安全观念，把安全问题作为其经营活动的基础。必须认识到，不切实际的安全成本节约，可能会因安全问题而导致更大的利润流失。因此，企业应与国家政府相关安全机构保持密切沟通与合作，寻求指导性意见，并据此调整到不同地区与国家进行经济与商贸活动的安全对策级别。同时，加强本企业海外务工人员安全意识的教育与培训，使他们了解并能在一定程度上应对所在地可能出现的安全风险，包括一些自保和自救的对策与方法。企业在不同地区与国家的安全成本也有所不同，但应包括对外出务工人员安全风险的保险、与驻在国进行安全合作上所需费用等。企业应与驻在国政府、驻外机构形成良好的安全互动。同时增强安全意识，在思想上强化安全防范工作，堵住各种漏洞。

具体来说，应着重加强以下方面的工作。

1. 增强海外风险意识。

与其他国家相比，我国驻外公司机构在防范恐怖袭击和不法侵害方面缺乏经验。由于多年生活在相对安全的国内环境中，赴外人员对国外情况缺乏了解、信息不足，很容易成为当地各种利益冲突的牺牲品；有些浙江企业出于传统观念（认为恐怖袭击只针对西方国家利益）及商业成本考虑，安全防范机制薄弱。他们抱着“不设防”心态，遭遇恐怖袭击后往往不知所措，应对失当，结果损失惨重。

浙江企业要增加安全防范意识，做好外围管理，在目标市场选择、投标竞价、合同谈判等方面慎重决策、未雨绸缪，为消除可能发生的突发事件最大限度地降低可能造成的损失，提前在人员保卫、经济物资保障方面作出安排。同时在海外招投标过程中应加大安全成本预算，采取更有力的安保措施，并事先做好充分的安全防范预案。浙江驻外的工程承包机构应在工程区和生活区加高院墙，安装电网和24小时电子监控设备，临街建筑和车辆最好装上防弹玻璃，外出时最好不要在车辆上安插显示外国人身份的旗帜或标志，准备充足的防弹衣和防毒面具，为员工购买反恐保险等。同时建立严格的外出请假制度，以防患于未然。

2. 加强对劳工的安全教育。

浙江大量的劳务人员在国外主要是从事脏、累、险的行业，遇险的概率比较大，再加之来自企业的安全教育匮乏，使海外劳务人员被炸伤和被绑架事件不断发生。因此，浙江驻外机构还应有针对性地、更主动地开展对海外劳工的反恐自救教育，强化海外劳工的风险防范意识和“自保”能力，使劳务人员遇事不乱，尽量避免成为受害者。其次要抓好对外劳务人员出国前的适应性培训，强化国内外法律规章教育、外事教育、所在国风俗习惯教育和日常用语教育，如在2007年俄罗斯警察暴力殴打100多名中国建筑工人的事件中，就是由于企业缺乏对员工在俄罗斯的签证政策方面的基本教育，导致工人对自己的打工合法身份不自信造成误会，最终酿成惨剧。最后要加强劳工的求助意识，散发一些小册子给海外劳工，提醒他们在国外生活和工作要注意的事项，对他们进行危机的处理能力训练，常备不懈，比如公布公司的求助电话以备不测等。

3. 践行企业社会责任。

践行企业社会责任是针对"走出去"的浙江投资企业，还有负责劳务输出的中介公司。对于"走出去"的浙江投资企业和对外承包工程项目的企业来说，要提高跨文化管理能力，守法经营，积极作为。在海外经营中，要遵守当地法律法规，尊重、适应当地风俗习惯，按照当地文化习惯处理社会责任问题。要在环境保护、社区稳定、商业诚信、社区公益、慈善活动等方面积极作为，力争公司利益和社区发展的双赢，在当地居民中树立企业和国家良好形象。要在当地广为宣传中国的形象，中国所建的工程项目将为当地创造巨大的财富和就业机会。如2006年5月，中国中信—中国铁建联合体在阿尔及利亚东西高速公路项目中标后，同时向阿方承诺了社会回报计划，包括医疗服务、农业示范、技能培训等回馈当地社会和人民的计划，就是很好的典范。在国外的浙江投资企业应注意做好"本地化"工作，在当地深深扎根，在企业自身发展的同时，积极促进当地人员就业和捐助公益事业，使浙江省企业的发展与当地的利益息息相关，共生共荣，从而增加企业和人员的安全指数。对于负责海外劳务输出的中介公司，也需要践行企业社会责任。由于在正常情况下，海外劳务人员主要是通过有资质的中介公司送达境外的，也就是说实际上是国内劳务公司把劳工以租借的形式输送出国为境外资方服务，因此国内的劳务公司必须为他们负责。一旦发生劳资纠纷或权益受损的情况，"外派劳务企业应根据劳务合作合同规定与境外雇主进行交涉，及时解决"。浙江企业应从合同和企业道德出发，对海外劳务人员负责到底，不要为了蝇头小利，与外资方一起压榨同胞。

（三）海外劳工自身层面对劳务风险的防范和应对

浙江海外劳工整体综合素质不高，大部分都是来自农村地区，其自身的法律和安全意识淡薄、自我保护能力欠缺。因此，提高海外劳工自身对劳务风险的预防和风险发生后的自救能力尤其重要。具体来说，海外劳工应从以下几个方面防范和应对劳务风险。

1. 积极了解当地的语言、法律和风俗。

目前，由于语言等方面的障碍，许多海外劳工难以通过当地媒体了解身边发生的新闻，不熟悉当地法律法规、社会风俗，给日常工作和生活带来极大不便，精神生活也比较贫乏。许多海外劳工由于不懂驻在国的语言，引起了不必要的麻烦，如俄罗斯伊尔库茨克市当地警察殴打中国工人的事件中，正是由于海外劳工不懂基本的俄语而在一定程度上造成了误解，引发了俄罗斯警察殴打中国劳工的恶性事件。因此，海外劳工应当积极主动学习驻在国的日常用语，提高自身的语言能力，增强文化认同感。同时要与驻在国公民建立良好的关系，尊重当地风俗习惯，尊重当地政府规定，尊重当地宗教信仰，与当地居民友好相处。浙江海外劳工还可以通过当地的华文报纸和媒体深入了解当地政治经济、法律政策和社会文化生活。加强与当地老华侨的沟通，加强与当地政府部门和当地居民的沟通，尊重当地风俗习惯，积极融入当地社会，与当地居民和谐相处。只有加强对当地社会的了解，才能在各种骚乱和威胁海外劳工人身安全与财产安全的事件中，处乱不惊，积极应对，尽可能地寻求帮助，保障自身的安全，减少财产损失。

2. 强化法律意识，提高运用法律维护自身合法权益的能力。

浙江海外劳工在异国他乡受到屈辱、歧视、无理侵犯的事件时有发生，有的甚至遇到无理扣留、绑架、车祸和恐怖袭击等，且有愈演愈烈的趋势。劳工在海外安全得不到保障的致命伤是法律意识薄弱。大部分海外劳工不懂劳动合同法，不清楚如何签订合法的劳资合同，不知如何面对劳资纠纷，不懂得寻求法律的帮助。如 2007 年 2 月 2 日数百名中国工人在迪拜的阿联酋劳工部门口举行示威集会，要求返还在国内收取的代理费。而阿联酋的法律规定，任何形式的集会和游行都是非法的，况且又是与国内劳务派遣机构发生的劳务纠纷。又如 2008 年 3 月 25 日在赤道几内亚承建工程项目的大连某公司的近百名劳务人员不顾当地法律进行罢工，冲突造成中方人员 2 死 4 伤。劳工们在海外动辄示威闹事是很不理智的，应当拿起法律武器与侵犯自身权益的劳务派遣机构和外国雇主“对簿公堂”。随着越来越多的海外劳工以对外承包企业和劳务公司的对外派遣形式走出国门打工，海外劳工应多了解驻在国基本的法律知识，在遇到不公正待遇或人身、财产安全受到威胁时，不再做“沉默的羔羊”，而是拿起法律的武器，团结一致、依法力争、抗争到底，只有这样才有可能地保护自己的各项权益，把危害降到最低。这也是回击犯罪、打击犯罪最有力的方略。海外劳工对所在国警方或其他执法机关的无理行动应理直气壮应对，放弃“多一事不如少一事”“以和为贵”等传统思想，应该据法、据理力争坚决打击不法分子，维护自己的合法权益，只有这样才能使自己真正做到免去灾难。

3. 加强海外劳工间的彼此联系，增强团结互助。

与对外劳务输出的规模相适应，海外务工人员的权益受损事件也呈逐年增强的态势，由于缺乏配套法律，海外劳务人员难以形成有效组织，维护自己的权利，而在劳资关系中显得软弱无助。保护海外劳工安全，必须发挥行业协会或老乡会等各种协会的作用，增强安全意识。海外劳工必须认识到行会是保护自身利益的很重要的组织，所以必须精心地呵护和团结在一起。浙江人乡情观念重，劳工在海外更要互相团结，自发形成自己的团体，与驻在国中国使领馆劳工管理的相关部门紧密联系、相互配合。这样，就可以有效防范与应对各种安全风险。

〔该文于 2012 年被龚正（时任常务副省长）批示〕

国际区域经济合作篇

浙江应对美国对华新能源产业“双轨制反补贴措施”的政策建议

法学院　　陈利强等

【提要】进入后金融危机时代，由于中美两国的贸易互补性正在向竞争性转化，中美竞争正式转向新能源等新兴产业领域。当下美国“双反”调查打压了我国光伏产业国际化发展空间，将使整个中国（浙江）光伏产业面临巨大损失。美国对华新能源产业实施“双轨制反补贴措施”将成为今后中美贸易摩擦的焦点，因此浙江应当积极谋划应对之策，为太阳能光伏等新能源产业国际化发展提供公共政策支持或保障。美国对华新能源产业实施“双轨制反补贴措施”既有经济发展战略层面的考量，又有贸易法律制度层面的举措。建议基于“浙江 WTO 事务与公共政策”的角度，建立浙江省经贸政策 WTO 合规性审查机制与浙江省“对外贸易预警与贸易救济援助制度”以及创新浙江省“四体联动”反补贴应对工作机制。

入世特别自 2006 年以来，美国调整了对华反补贴政策，一方面利用 WTO 争端解决机制（国际反补贴措施）轨道指控我国的禁止性补贴，另一方面使用“双反”（国内反补贴措施，但反倾销和反补贴经常合并使用）调查轨道指控我国的可诉性补贴，双轨各司其职，对我国出口产品实施“双轨制反补贴措施”，对我国的专向性补贴政策形成了高压态势。2004—2008 年，美国利用 WTO 争端解决机制指控我国的禁止性补贴案件共有 4 起（集成电路增值税案、影响汽车零部件进口措施案、贸易税收补贴措施案与向企业提供赠款、贷款和其他激励有关措施案）。从 2006 年

11月开始，美国陆续对我国铜版纸、机电、铝型材等产品提起33起“双反”调查案件，主要指控我国的可诉性补贴。中美补贴与反补贴摩擦面正沿着产品—产业—政策—体制路径不断升级，并且逐渐向我国战略性新兴产业（主要是新能源产业）领域蔓延。可以预见，美国对华新能源产业实施“双轨制反补贴措施”将成为今后中美贸易摩擦的焦点，因此作为外贸大省的浙江，应当未雨绸缪，积极主动制定应对之策，为太阳能光伏等新能源产业国际化发展提供公共政策支持或保障。

一　美国对华新能源产业实施“双轨制反补贴措施”的动态及影响

（一）美国对华新能源产业实施“双轨制反补贴措施”的动态

进入后金融危机时代，美国的贸易保护主义开始瞄准我国战略性新兴产业，由于中美两国的贸易互补性正在向竞争性转化，中美竞争正式转向新能源等新兴产业领域。2010年10月，应美国钢铁工人联合会申请，美国政府利用WTO争端解决机制指控我国风能产业补贴措施涉嫌违法。2011年11月，美国商务部发起针对我国输美太阳能电池板的“双反”调查。2011年12月，美国风电塔联盟要求美国政府对我国应用级风电塔产品发起“双反”调查。可以发现，美国双管齐下，正在对华新能源产业实施“双轨制反补贴措施”，对我国新能源产业补贴政策形成了巨大压力，旨在打压我国战略性新兴产业国际化发展空间。

2011年10月，美国向WTO通报我国目前存在200多项补贴政策。2011年12月，美国贸易代表办公室第10次向国会提交了关于我国履行WTO承诺以及对美多边和双边承诺的报告。该报告显示：2012年美国对我国履行入世承诺重点关注的领域是中国的产业政策。另外据有关消息称，目前美欧庞大的雇员队伍正赴我国各地搜集地方政府税收优惠等所谓“补贴政策”的证据，范围细化到乡镇级别，我国地方政府的相关政策将成为美国“双反”调查的重点。

2012年5月，美国太阳能制造联盟委托威利·赖因法律事务所作的研究报告认为，我国“十二五”规划中涉及太阳能产业的部分加大了政府对该产业的控制和支持力度，为我国的出口导向型太阳能产业提供了包括财政和价格补贴、对相关产业、金融和关税措施等新的政策支撑，而这些政策措施部分涉嫌违反WTO规则。由此可以判断，美国将继续对我国新能源产业扶持政策实施“双轨制反补贴措施”。

（二）美国“双反”调查对我国（浙江）太阳能光伏产业的影响

太阳能光伏产业渐成美国“双反”调查的“重灾区”。2011 年 10 月，以美国 Solar World 为代表的几家企业向美国商务部和国际贸易委员会提交申请，要求对我国出口美国太阳能电池板的 75 家相关企业展开“双反”调查，指控我国政府为太阳能产品制造商提供包括现金赠予、低价提供原材料、税收减免、出口信贷和出口信保等大量非法补贴。2011 年 11 月，在我国机电产品进出口商会的组织下，14 家中国光伏企业联合抗辩美国“双反”调查。尚德、英利、晶科能源、天合光能及赛维 LDK 等纽约上市的中国光伏业巨头均遭受调查。这是美国针对我国清洁能源产品展开的首个“双反”调查。一场涉及数十万就业岗位、上千家企业、近百亿美元贸易的中美光伏贸易大战正式打响。美国“双反”调查打压了我国光伏产业国际化发展空间，将使整个中国光伏产业面临巨大损失。

入世 10 年来，浙江是遭遇国际贸易摩擦的“重灾区”。全国约七成的贸易摩擦案件涉及浙江，浙江的涉案金额约占全国涉案金额的 1/4，其中美国发起涉及浙江的贸易摩擦案件最多。10 年来浙江遭遇的贸易摩擦案件基本呈稳定增长的态势，而且浙江遭遇的贸易摩擦已经从产品层面向产业、政策及体制层面扩散，直接影响浙江的相关产业优势，并直接挑战浙江各级政府的经济政策。浙江屡屡遭遇美欧“双反”调查，政府的土地政策、产业政策、电力政策均频频遭受挑战。2011 年浙江省光伏产业对全球出口 31.5 亿美元，其中对美出口 2.4 亿美元。在这场美对华光伏“双反”大战中，虽然只有 11 家浙江企业在调查申请书中被提及，但是真正涉及的企业可能超过 100 家，而且还会对相应的配套企业产生不利影响。目前，浙江省光伏产业链上的各类企业总数已超过 300 家，主要集中在嘉兴、衢州等地区。部分光伏企业已经遭受较大损失，出现停产、破产、倒闭现象。

二　美国对华新能源产业实施“双轨制反补贴措施”的成因分析

1. 从经济发展战略层面看，美国确定将新能源产业作为其实现“再工业化”以及重塑美国竞争优势的新经济战略的关键所在，同样中国将新能源产业作为转型升级的引擎，同步转型势必加剧两国在新能源产业领域的竞争和摩擦。

在国际金融危机的背景下，美国开始推行重振制造业战略，通过新能源、新材料和新技术带动新一轮产业周期，并用新一轮技术革命的成果引领新能源、环保等新兴产业，加快制造业回流充实经济，因此新能源产业是美国推行新经济战略的重心所在。美国将清洁能源技术作为重振美国经济竞争力的关键，并通过投资税收减免、贷款担保、出口补助金等一系列措施为光伏产业提供支持。我国工业结构调整的转型升级方向与美国重振制造业战略的发展方向在许多方面是一致的，相互间存在着激烈的竞争、冲突与挤出关系，同步转型势必增加两国之间的摩擦。地方政府是我国新能源产品一再遭遇美国“双反”调查的“罪魁祸首”。金融危机后在新兴产业振兴规划的推动下，各地抢项目抢投资，对光伏、风电设备等新兴产业项目更是从土地、资金、政策上大力支持，促使包括光伏产业在内的新能源产业出现了爆发式增长。企业技术和生产同质化的区域竞争产生了严重的产能过剩和恶性竞争。美国对华光伏产业实施“双轨制反补贴措施”预示着中美两国在新能源领域内的竞争日趋激烈，中美之间的贸易摩擦出现了向新能源、新产业等领域进一步蔓延升级的态势，其背后更折射出美国“再工业化”战略调整下中美新兴产业冲突的常态化格局以及第三次工业革命制高点争夺战。

2. 从贸易法律制度层面看，后金融危机时代美国传统经济增长方式难以为继，为此美国政府提出“出口倍增计划”，并加强针对中国新能源产业的贸易保护措施。

为落实奥巴马政府的“出口倍增计划”，2010 年 8 月，美国商务部针对所谓“非市场经济国家”制定了加强“双反”执法的 14 项建议。此后，美国又着手改革贸易执法机构、修订反补贴法，积极调整对华反补贴政策，其中较为突出的措施包括以下几点。

第一，成立“跨部门贸易执法中心”，强化贸易执法。

2012 年 2 月，奥巴马总统签署行政指令，在美国贸易代表办公室内设立“跨部门贸易执法中心”。该中心的功能定位是美国贸易法执法部门在联邦政府内的协作平台，其职责是强化贸易执法，对包括我国在内的所谓“非市场经济国家”的“不公平贸易行为”加强执法力度，确保美国的贸易伙伴遵守贸易规则，为美国工人和企业创造公平、平等的竞争环境。中心由来自美国联邦政府各部门的专家组成，其中包括专职负责贸易诉讼的律师、各大情报机构的代表、精通各种外语的研究人员、财经分析师以及常年派驻海外的政府工作人员等。此外，中心还将鼓励美国工人、企业和农场主积极参与确定、减少或取消不公平贸易行为以及贸易壁垒的工作。中心的成立则是半个世纪以来美国联邦政府继设立贸易代表办公室之后对相关执法资源进行的最大幅度整合，其矛头直指中国。

第二，修订反补贴法，为对所谓“非市场经济国家”征收反补贴税提供法律依据。

2012 年 3 月，在美国制造业联盟、美国纺织团体协会、美国钢铁协会等利益集团的推动下，美国参众两院以前所未有的速度起草并通过了 H. R. 4105 法案，修改《1930 年关税法》第 701 节，要求对所谓“非市场经济国家”适用反补贴法。随后，奥巴马总统签署该法案，授权商务部对包括中国在内的所谓“非市场经济国家”征收反补贴税。H. R. 4105 法案为美国商务部发起新的“双反”调查大开绿灯，将成为中美新能源贸易摩擦升温的引爆器，为我国相关出口企业带来巨大损失，同时也极大地限制了我国政府包括地方政府扶持战略性新兴产业国际化发展的行为能力和政策空间。

三　浙江应对“双轨制反补贴措施”的政策建议

从规避摩擦的角度看，浙江省可以采取以下两种对策：其一是实施“走出去”战略，鼓励新能源企业到海外直接投资设厂；其二是鼓励光伏企业等新能源企业积极开拓国内市场。但作为外贸大省，浙江省在应对贸易摩擦领域更应有所作为，因此我们从“浙江 WTO 事务与公共政策”的角度，提出以下三点政策建议，供省委、省政府决策参考。

1. 抓紧制定《浙江省经贸政策 WTO 合规性审查办法》，建立浙江省经贸政策 WTO 合规性审查机制，确保新能源产业政策措施与 WTO 规则相符。

近年来，我国在 WTO 争端中的被诉和败诉情况均有所增加，其中一个重要原因是我国地方政府有关贸易政策出台前的审查机制不健全，少数地方政府出台不符合 WTO 规则的补贴措施，导致 WTO 成员方对我国采取反补贴措施。目前我国只有辽宁省、天津市和甘肃省 3 个省级政府建立了规章制度 WTO 合规性审查机制。2012 年 8 月深圳市人民政府出台了由深圳市世贸组织事务中心研究起草的《深圳市贸易政策符合世界贸易组织规则审查办法》。

但遗憾的是，浙江省作为外贸大省至今尚未建立 WTO 合规性审查机制。2012 年 8 月浙江省发改委印发了《“十二五”及中长期可再生能源发展规划》，在美欧对华频繁提起“双反”调查的背景下，建立浙江省经贸政策 WTO 合规性审查机制不仅是完全必要的和十分迫切的，而且是切实可行的。该机制的主要功能是将规章制度 WTO 合规性审查程序前置，变事后、被动审查为事先、主动审查。为此，我们建议首先由浙江省法制办牵头，会同浙江省商务厅，抓紧制定《浙江省经贸政策 WTO 合规性审查办法》，对合规性审查工作包括审查主体、程序、范围等基础问题进行立法规范。其次，在浙江省政府层面建立“浙江省经贸政策 WTO 合规性审查委员会”，遴选在杭科研院校相关政策专家和法律专家加盟该委员会，负责定期审查工作。最后，对已经出台的扶持新能源产业的政策措施进行全面审查，确保其与 WTO 规则相符。

2. 发挥科研院校的智囊团和专家库作用，在浙江省“对外贸易预警机制示范点”制度基础上，建立浙江省“对外贸易预警与贸易救济援助制度”。

省商务厅从 2007 年开始大力推进“对外贸易预警机制示范点”制度的建设。预警点以行业商协会为依托，至今已经建立了 100 个。预警点组成的对外贸易预警网络联系企业 6000 余家，服务全省纺织、服装、机电、轻工、钢铁以及初级产品等诸多行业，基本覆盖了全省各块状经济区。“对外贸易预警机制示范点”制度属于浙江首创，在应对贸易摩擦实践中作出了重要贡献。但该项制度还存在以下两大不足：其一是只负责贸易摩擦的事先预警工作，不解决贸易摩擦的事中或事后救济问题；其二是科研院校并未有效参与贸易摩擦预警这项专业性强、技术性高的工作。

为此，我们建议发挥科研院校的智囊团和专家库作用，在浙江省“对外贸易预警机制示范点”制度基础上，建立浙江省“对外贸易预警与贸易救济援助制度”。该项援助制度主要包括两大机制：其一是“对外贸易预警援助机制”，即让相关科研院校专家介入贸易摩擦的事先预警工作，协助 100 个“对外贸易预警机制示范点”做好工作网络和平台建设、预警信息收集、评估分析和反馈等具体工作。其二是“对外贸易救济援助机制”，即让相关科研院校专家介入贸易摩擦的事中或事后救济阶段，为各级商务主管部门与各类行业商协会提供优质的，集调查、研究、培训、咨询等为一体的涉外公共专业服务。这项援助制度的目标是浙江省商务主管部门依托各类行业商协会，并借助科研院校力量，共同应对日趋复杂的中美新能源产业摩擦问题。

3. 加强行业商协会等中介组织的地位和作用，创新浙江省“四体联动”反补贴应对工作机制。

入世10年来，浙江省根据商务部“职责明确、分工协作、信息共享、快速应对”的原则，建立健全“四体联动”（商务部及其驻外经商机构、地方商务主管部门、行业商协会等中介组织及涉案企业）贸易摩擦应对工作机制，在实践中它被视为我国目前应对贸易摩擦的主要工作机制。但是，面对将来错综复杂的中美补贴与反补贴摩擦格局，该机制仍存在以下两大不足：第一，浙江省政府相关职能部门和省级中介组织（包括行业协会、进出口商会及科研院校）在公平贸易工作中的定位不够清晰，相互之间的关系尚未完全理顺。第二，“四体联动”贸易摩擦应对工作机制主要是针对出口贸易摩擦的，而且没有针对反倾销、反补贴、保障措施及技术性贸易壁垒等不同形式的贸易摩擦建立共同但有区别的应对机制，覆盖面太广。

因此，浙江省应总结经验、创新思路，积极探索建立类别化的“四体联动”贸易摩擦应对工作机制。在美国对华新能源产业实施“双轨制反补贴措施”的背景下，我们建议首先应当进一步加强并明确行业商协会等中介组织的地位和作用，然后创新浙江省“四体联动”反补贴应对工作机制，抓紧制定《浙江省建设反补贴应对工作联席会议制度指导意见》，完善“浙江省出口反补贴应对工作联席会议制度”，将重心放在省级各政府部门的配合协调以及省内WTO专家参与该制度的途径和方法等方面。

〔该文于2012年分别被龚正（时任副常务省长）、毛光烈（时任副省长）批示，被省商务厅采纳〕

后　记

2015年5月，浙江工业大学成立了全球智库研究中心，这是在智库建设上升为国家意志的背景下，基于国家重大战略、新型智库研究、国际交流合作和学校自身发展的需要成立的。作为全国高校首家研究智库的智库机构，中心集研究、评估和咨询三大职能于一体，按照中国大学智库研究、中国智库研究、全球智库研究的“三步走”战略，建立中国自身标准、特色和话语权，提升学校在全国乃至全球的影响力，力争为中国特色新型智库建设贡献力量。按照研究中心设定的“十个一”工程的构想和要求，即搭建一个研究平台，建设一支研究队伍，完成一份年度报告，发布一个智库排行榜，出版一份学术刊物，开设一个网站，举办一个智库论坛，建立一个智库数据库，出版一批译著，形成一系列研究成果。《浙江工业大学智库集成》将随着浙江工业大学的智库建设和智库研究工作，不断整理出版，与读者见面。同时，也敬请各位读者、同人、专家对我们的工作多提宝贵意见。

编者

2015年7月